Jindřichův Hradec
Javořická Vrchovina
Hluboká nad Vltavou
Třeboň
Rudolfov
České Budějovice
Ledenice
Borovany
Suchdol nad Lužnicí
Nová Bystřice
Litschau
Heidenreichstein
Kaplice
Český Krumlov
Trhové Sviny
Nové Hrady
České Velenice
Gmünd
Schrems
Waidhofen a.d.Thaya
Weitra
Zwettl
Groß Gerungs
Freistadt
Sandl
Rappottenstein
Arbesbach
Königswiesen
Weinsberger Wald
Bad Zell
Pregarten
Gallneukirchen
Linz
Steyregg
Perg
Grein
Enns
St. Valentin
Ybbs a.d.Donau
Pöchlarn
Pöggstall
Ostrong
Strudengau
Novohradské hory
Kamenný Újezd
Velešín
Vyšší Brod
Rožmberk nad Vltavou
Leopoldschlag
Rainbach
Liebenau
Langschlag
Bad Traunstein
Martinsberg
Mauthausen
Neustadt a.d.Donau
Wallsee
St. Florian

Vorwort

Das zur böhmischen Masse gehörende Mittelgebirge nördlich der Donau im Bereich Mühl- und Waldviertel steht der sonst in Österreich dominierenden Alpenregion zwar anders geartet aber touristisch gleichwertig zur Seite. Der besondere, teilweise herbe Landschaftstyp des Waldviertels, die reiche Gliederung in Felder-, Wiesen- und Waldparzellen, in kälte-, schnee- und windexponierte raue Hochflächen und Schutz bietende Waldgräben mit bizarren Felsformationen und rauschenden Bächen schafft ideale Voraussetzungen für Spaziergänge, Wanderungen, Kanufahrten und Radtouren.
Der Eiserne Vorhang an der Grenze zum heutigen Tschechien bedeutete für das Waldviertel 40 Jahre hindurch das »Ende der Welt«. Das weitgehende Fehlen von Fremdenverkehr und Industrie sowie der im Zentrum gelegene Truppenübungsplatz Allentsteig kamen letztendlich der Natur zugute, die sich über Jahre hindurch regenerieren oder unverfälscht erhalten konnte.
Stifte, Burgen und Schlösser zeugen vom kulturellen Reichtum eines Landes am Übergang benachbarter Kulturen in Böhmen, Mähren, Bayern und Ostösterreich. Das Waldviertel wird vor allem von jenen Wanderern geschätzt, die Stille und Einsamkeit, »unspektakuläre« Landschaft und einfache Lebensweise zu schätzen wissen. Daneben werden in diesem Wanderführer auch die grenznahen Gebiete Böhmens und Mährens mit einer repräsentativen Tourenauswahl gewürdigt. Als Umgrenzung wird im Norden der südtschechische Raum, im Westen die Grenze nach Oberösterreich, im Süden das Donautal (Wachau, Nibelungen- und Strudengau), im Osten das Kamptal und der Manhartsberg angenommen.
Fast alle in diesem Mittelgebirgsführer aufgenommenen Touren sind unschwierig und folgen bezeichneten Wegen. Damit können sie auch von weniger trainierten Gehern, zum Teil auch von Kindern unternommen werden. Anspruchsvoll sind einige Unternehmungen weniger der technischen Anforderungen oder des zu bewältigenden Höhenunterschieds wegen, sondern infolge ihrer Länge oder der nicht immer optimalen Markierung. Die mittlere Anstiegshöhe pro Tour liegt bei 280 Metern (Maximum: 670 Meter), die mittlere Gehzeit bewegt sich zwischen 3.30 und 4 Stunden. Es handelt sich also durchwegs um Halbtages- oder Tagesausflüge.
Möge der Führer in seiner nunmehr aktualisierten Form wieder allen Anforderungen gerecht werden.

Wien, im Frühling 2024 Dr. Franz Hauleitner, Dipl. Ing. Rudolf Hauleitner

Unbedingt ein Blickfang: die auf einer hohen Felskanzel thronende Bücherburg über der Stadt Raabs an der Thaya.

Inhaltsverzeichnis

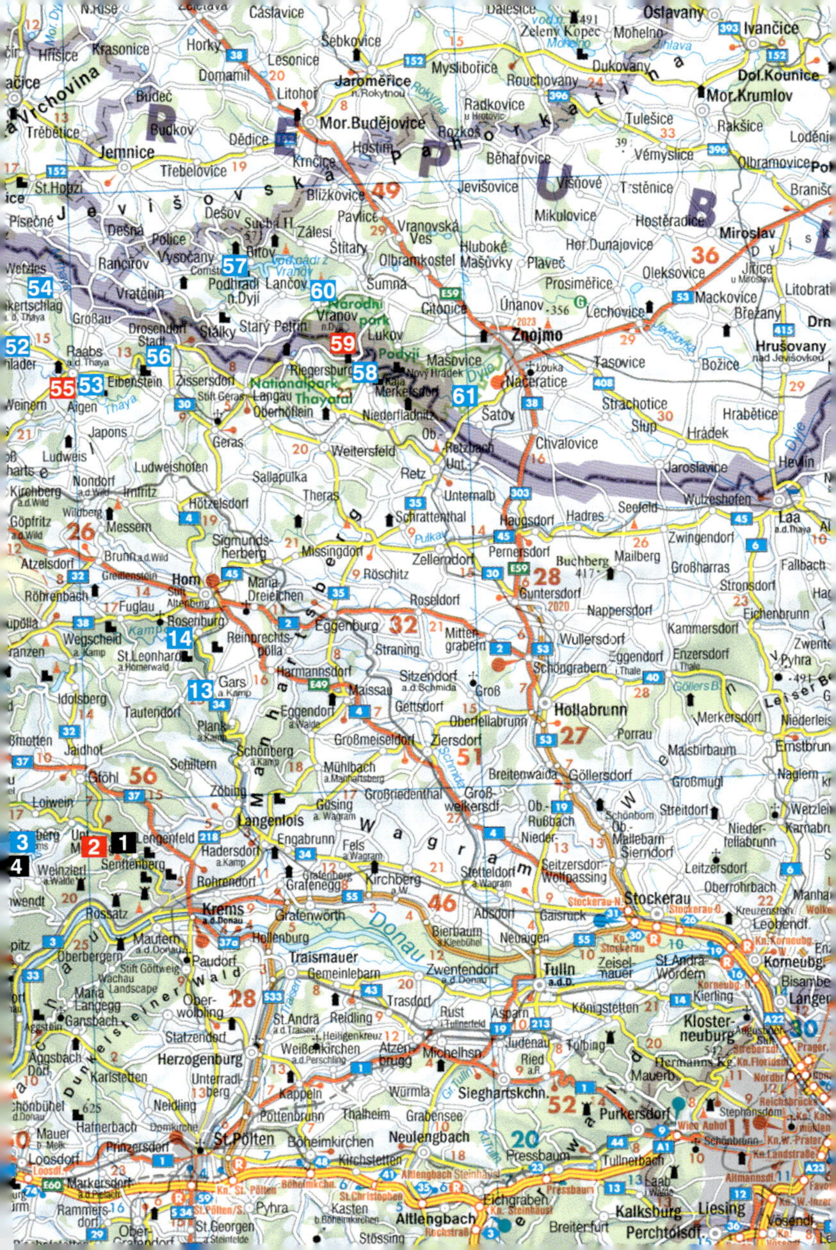
Časlavice
Šebkovice
Dalešice
Oslavany
Ivančice
Zelený Kopec
Mohelno
Krasonice
Horky
Lesonice
Jaroměřice
n.Rokytnou
Myslibořice
Rouchovany
Dukovany
Dol.Kounice
Mor.Krumlov
Vrchovina
Budeč
Domamil
Litohoř
Radkovice
Mor.Budějovice
Rozkoš
Tulešice
Rakšice
Třebětice
Budkov
Dědice
Hostim
Běhařovice
Vémyslice
Jemnice
Třebelovice
Krnčice
Olbramovice
St.Hobzí
Blížkovice
Jevišovice
Višňové
Trstěnice
Písečné
Jevišovska
Dešov
Pavlice
Mikulovice
Hostěradice
Miroslav
Dešná
Police
Sucha H.
Zálesí
Vranovská Ves
Hluboké Mašůvky
Hor.Dunajovice
Rancířov
Vysočany
Štítary
Olbramkostel
Plaveč
Oleksovice
Vodní nádrž Vranov
Podhradí n.Dyjí
Lančov
Šumna
Prosiměřice
Mackovice
Litobratřice
Vratěnín
Národní park Podyjí
Vranov n.Dyjí
Citonice
Únanov
Lechovice
Břežany
Großau
Drosendorf Stadt
Stálky
Starý Petřín
Lukov
Znojmo
Hrušovany nad Jevišovkou
Raabs a.d.Thaya
Riegersburg
Mašovice
Nový Hrádek
Tasovice
Božice
Eibenstein
Zissersdorf
Nationalpark Thayatal
Merkersdorf
Louka
Načeratice
Aigen
Stift Geras
Langau
Oberhöflein
Niederfladnitz
Šatov
Strachotice
Hrabětice
Slup
Hrádek
Japons
Geras
Retzbach
Chvalovice
Ludweis
Weitersfeld
Jaroslavice
Hevlín
Ludweishofen
Nondorf
Sallapulka
Retz
Kirchberg a.d.Wild
Irnfritz
Theras
Unternalb
Seefeld
Wulzeshofen
Laa a.d.Thaya
Göpfritz a.d.Wild
Hötzelsdorf
Schrattenthal
Haugsdorf
Hadres
Messern
Wildberg
Pulkau
Pernersdorf
Zwingendorf
Sigmundsherberg
Buchberg
Mailberg
Atzelsdorf
Brunn a.d.Wild
Missingdorf
Zellerndorf
Großharras
Fallbach
Greillenstein
Horn
Maria Dreieichen
Röschitz
Stronsdorf
Röhrenbach
Stift Altenburg
Roseldorf
Guntersdorf
Nappersdorf
Eichenbrunn
Fuglau
Rosenburg
Eggenburg
Mittergrabern
Wullersdorf
Kammersdorf
Wegscheid a.Kamp
Reinprechtspölla
Straning
Schöngrabern
Eggendorf i.Thale
Enzersdorf i.Thale
Pyhra
St.Leonhard a.Hornerwald
Harmannsdorf
Sitzendorf a.d.Schmida
Groß
Gars a.Kamp
Maissau
Gettsdorf
Hollabrunn
Idolsberg
Tautendorf
Eggendorf a.Walde
Oberfellabrunn
Merkersdorf
Niederleis
Jaidhof
Plank a.Kamp
Großmeiseldorf
Ziersdorf
Porrau
Maisbirbaum
Ernstbrunn
Schönberg a.Kamp
Mühlbach a.Manhartsberg
Schiltern
Breitenwaida
Göllersdorf
Großmugl
Naglern
Gföhl
Zöbing
Großriedenthal
Großweikersdorf
Loiwein
Gösing a.Wagram
Ob.-Rußbach
Streitdorf
Wetzleinsdorf
Langenlois
Schönborn
Niederfellabrunn
Lengenfeld
Engabrunn
Fels a.Wagram
Nieder-
Ob.-Mallebarn
Sierndorf
Kammabrunn
Senftenberg
Hadersdorf a.Kamp
Stetteldorf a.Wagram
Leitzersdorf
Weinzierl a.Walde
Rohrendorf
Grafenegg
Kirchberg a.W.
Seitzersdorf-Wolfpassing
Oberrohrbach
Stockerau
Krems a.d.Donau
Gedersdorf
Grafenwörth
Absdorf
Gaisruck
Kreuzenstein
Leobendorf
Rossatz
Mautern a.d.Donau
Hollenburg
Bierbaum a.Kleebühel
Neuaigen
Korneuburg
Oberbergern
Stift Göttweig
Paudorf
Traismauer
Gemeinlebarn
Zwentendorf a.d.Donau
Tulln a.d.D.
Zeiselmauer
St.Andrä-Wördern
Bisamberg
Wachau Landscape
Maria Langegg
Oberwölbling
Trasdorf
Rust i.Tullnerfeld
Asparn
Königstetten
Kierling
Langenzersdorf
Gansbach
Aggstein
St.Andrä a.d.Traisen
Reidling
Heiligenkreuz
Klosterneuburg
Statzendorf
Weißenkirchen a.d.Perschling
Atzenbrugg
Michelhsn.
Judenau
Tulbing
Aggsbach Dorf
Herzogenburg
Ried a.R.
Hermannskg.
Mauerbach
Karlstetten
Unterradlberg
Kappeln
Würmla
Sieghartskchn.
Purkersdorf
Schönbühel a.d.Donau
Dunkelsteiner Wald
Neidling
Pottenbrunn
Thalheim
Grabensee
Stephansdom
Mauer b.Melk
Hafnerbach
Prinzersdorf
St.Pölten
Böheimkirchen
Neulengbach
Pressbaum
Tullnerbach
Wien Auhof
Schönbrunn
Loosdorf
Kirchstetten
Laab i.Walde
Markersdorf a.d.Pielach
Altlengbach
Steinhäusl
Eichgraben
Kalksburg
Liesing
Rammersdorf
Pyhra
Kasten b.Böheimkirchen
St.Christophen
Breitenfurt
Perchtoldsdf.
Vösendorf
Ober-Grafendorf
St.Georgen
Stössing
Donau
Dyje
Thaya
Kamp
Traisen
Wagram
Manhartsberg
Wienerwald
Wachau
Weinviertel
Republika

Allgemeine Hinweise

Anforderungen

Die meisten Wanderungen verlaufen auf gut instand gehaltenen, markierten Wegen und Steigen, sind also im alpinistischen Sinn leichte Unternehmungen. Einige Wanderungen setzen Anforderungen an Ausdauer und Orientierungsvermögen, nur vier Touren verlangen bergsteigerische Übung. Um die jeweiligen Anforderungen besser einschätzen und vergleichen zu können, wurden die Nummern der einzelnen Tourenvorschläge mit verschiedenen Farben versehen. Diese erklären sich wie folgt:

Leicht Wanderungen auf markierten, meist gut trassierten Fahr- und Fußwegen. Einfach und in der Regel nur wenig anstrengend. Auch für Kinder und Untrainierte geeignet.

Mittel Wanderungen auf meist ausreichend markierten Steigen, die aber zum Teil schmal und steil angelegt sind und über kurze Abschnitte etwas ausgesetzt sein können. Trittsicherheit, etwas Schwindelfreiheit und Orientierungsvermögen nötig.

Schwierig Anspruchsvolle Touren mit unmarkierten, zum Teil auch weglosen Passagen. Stellenweise können die Steige ausgesetzt sein, manchmal wird die Zuhilfenahme der Hände notwendig (leichte Kletterei im Schwierigkeitsgrad I), an gesicherten Passagen ist mitunter ein Klettersteig-Set nötig. Nur für trittsichere, schwindelfreie und alpin erfahrene Geher.

Gehzeiten

Man beachte, dass die Zeitangaben (Gesamtgehzeit, in den Höhenprofilen auch Teilgehzeiten) die reine Gehzeit wiedergeben. Pausen oder Verlangsamung der Gehgeschwindigkeit durch Übermüdung sind darin nicht enthalten.

Zeitangaben sind natürlich subjektiv – jeder Wanderer hat seine eigene Geschwindigkeit und seinen eigenen Rhythmus. Persönliche Kondition und Wegverhältnisse haben auch Einfluss auf die jeweiligen Gehzeiten. Die entsprechende Korrektur zur angeführten Gehzeit lässt sich durch einen Zeitvergleich am Anfang ermitteln (zum Beispiel: 1 Std. laut Angabe im Wanderführer entspricht 1.15 Std. persönlicher Gehzeit).

Höhenunterschied

Unter dieser Angabe ist jeweils die Summe der auf einer Tour im Anstieg bzw. im Abstieg zu bewältigenden Höhenunterschiede zu verstehen. Gegensteigungen werden also berücksichtigt!

Symbole

	mit Bahn/Bus erreichbar		Pass, Sattel / Brücke, Steg
	Einkehrmöglichkeit unterwegs		Kirche, Kapelle, Marterl/Bildstock
	für Kinder geeignet		Burg, Schloss, Ruine
	Ort mit Einkehrmöglichkeit		Höhle
	Einkehrmöglichkeit		Picknickplatz
	unbewirtsch. Hütte, Unterstand		Aussichtsplatz
P	eingerichteter Parkplatz		Turm, Aussichtsturm
†	Gipfel		Wasserfall

Kinder

Wanderungen, die mit Kindern unternommen werden können, sind in diesem Buch durch ein Symbol gekennzeichnet. Bei Kindern zwischen fünf und fünfzehn Jahren ist weniger die Schwierigkeit einer Tour als die gebotene Abwechslung ausschlaggebend, denn junge Leute lieben das Abenteuer, die sportliche Betätigung und das Spiel in freier Natur. Man bedenke: Ein einziger fader Waldhatscher kann für den heranwachsenden Sprössling das vorläufige Ende seiner bergsteigerischen »Karriere« sein.

Auf einer längeren Tour sind beispielsweise Einkehrmöglichkeiten unterwegs ein wichtiges Kriterium für eine Kinder-Tauglichkeit. Dort können sich junge Leute, einmal losgelöst vom »Zwang« der Leistung, ausreichend entspannen, spielen, sich unterhalten und mit Freunden herumtollen.

Riesige Granitblöcke säumen die Ufer des Kleinen Kamp bei Rappottenstein (Tour 25).

Der Weg von Rappottenstein zur Burgleiten verläuft im Tal des Großen Kamp (Tour 24).

Ausrüstung

Wanderschuhe mit Profilgummisohle, zweckmäßige Bekleidung sowie Rucksack mit Pullover, Regenschutz, Anorak und kleinerem Tourenproviant (Wasserflasche!) werden empfohlen.

Gefahren

Obwohl fast alle der hier angeführten Wanderungen gebahnten Wegen oder Straßen folgen, ist bei Querung steiler Hänge, an rutschigen Wegpassagen mit nassem Laub sowie im tiefen, aufgeweichten Terrain (nach langen Regenfällen) Vorsicht am Platze. Eine Gefahr stellen auch Sommergewitter dar. Der Ansteckungsgefahr durch Zeckenbisse kann durch eine Schutzimpfung gegen das FSME-Virus vorgebeugt werden.

Bergrettung, Notruf

In Österreich kann über die Telefonnummer 140 (kostenlos, keine Vorwahl) die Bergrettung verständigt werden. Bei einem Handy ist unter Verwendung der Europäischen Notrufnummer 112 (ebenfalls kostenlos, keine Vorwahl) der gleichzeitige Zugriff auf alle Netzbetreiber möglich, allerdings nur dann, wenn zuvor der PIN-Code nicht eingegeben wurde. Bei Kartenhandys kann der Notruf auch ohne Guthaben gewählt werden. Bei Smartphones besteht zudem die Möglichkeit, SOS-Meldungen an Notfall-Kontakte abzusetzen sowie nach Aktivierung eines Ortungsdienstes den eigenen Standort bekannt zu geben.

Schutzhütten, Gaststätten, Restaurants, Jausenstationen

Im Steckbrief werden bei jeder Tour unter »Einkehr« alle an der Route gelegenen Stützpunkte genannt sowie Informationen zu weiteren Einkehrmöglichkeiten gegeben (mit Hinweisen auf etwaige Ruhetage, die aber in den Monaten Juli und August oft nicht eingehalten werden!). Bei den oft an Wochenenden gebundenen Öffnungszeiten werden im Führer meist Zeitspannen angegeben, innerhalb derer der betreffende Gastbetrieb im mehrjährigen Durchschnitt in Betrieb ist.

Top-Touren im Waldviertel

Ysperklamm und Kaltenberg

Hinauf entlang der stäubenden Wasser der Ysper, hinunter zu den skurril geformten Felsformationen am Kaltenberg (Tour 8, 4 Std.).

Waldhausener Ausblickrunde

Zu Wackelsteinen, Felsburgen und zu einer Aussichtswarte inmitten saftiger Wiesen und grüner Wälder. Zum Abschluss ein herrlicher Badeteich (Tour 9, 4.30 Std.).

Von Rosenburg nach Steinegg

Eine der bekanntesten Wanderungen des Waldviertels durch die Naturreservate am mittleren Kamp (Tour 14, 5.30 Std.).

Ottensteiner Stausee: Süduferweg

Nordländisch anmutende Wander-Impressionen mit Badeeinschüben am größten See des Waldviertels (Tour 16, 4 Std.).

Luaga-Lucka-Weg

Kurze genussreiche Runde durch sanfte Wiesen und Birkenbestände, an eigenwillig geformten Granitblöcken vorbei (Tour 19, 1.30 Std.).

Höllfall und Lohnbachfall

Dieser Streifzug zu den beiden romantischen Wasserfällen im Granitwaldviertel vermittelt fast alpine Impressionen (Tour 23, 4.15 Std.).

Burgleiten

Wunderschöne Wanderung durch die Kamptalstrecke »Paradies« auf einen Felsgipfel mit 360-Grad-Panorama (Tour 24, 4.30 Std.).

Mandelstein

Abwechslungsreiche Runde vorbei an den »mystischen« Steingebilden des nördlichen Waldviertels (Tour 39, 4.30 Std.).

Naturpark »Blockheide Eibenstein-Gmünd«

Auf einem kurzen Rundweg wird uns der eigenartige Charakter der Waldviertler Granitlandschaft vor Augen geführt (Tour 44, 1.45 Std.).

Von Raabs nach Eibenstein

Herrliche Flusswanderung zur größten Ruine des Landes Niederösterreich und über den Historikersteig nach Eibenstein (Tour 53, 3.45 Std.).

Rings um Hardegg

Beschauliche Naturparkwanderung von Burg zu Burg entlang der Thaya. Auch mit Kindern zu empfehlen (Tour 58, 4.15 Std.).

Der Umwelt zuliebe ...

Auch beim Wandern hinterlassen wir einen ökologischen Fußabdruck, aber im Einklang mit der Natur unterwegs zu sein, ist gar nicht so schwer!

VORBEREITUNG UND ANFAHRT

- Sich vorab informieren, worauf in Bezug auf Natur und Umwelt in der jeweiligen Wanderregion besonders zu achten ist.
- Soweit möglich mit Bahn und Bus anreisen, Wander- und Rufbusse nutzen.
- Ist eine Anfahrt mit dem Auto nötig, Fahrgemeinschaften bilden.
- Bei weiten Anfahrten Mehrtagestouren planen oder von einem Quartier vor Ort aus mehrere Touren absolvieren.
- Flugreisen möglichst reduzieren und durch Beiträge zu Klimaschutzprojekten kompensieren.

KLEIDUNG UND AUSRÜSTUNG

- Beim Kauf von Outdoor-Kleidung auf umweltfreundliche und faire Herstellung achten und Kleidungsstücke möglichst viele Jahre nutzen.
- Ausrüstung kann man eventuell auch gebraucht kaufen oder ausleihen.
- Reparieren statt neu kaufen.

VERPFLEGUNG

- Beim Einkauf Bio-Ware, regionale und saisonale Erzeugnisse bevorzugen.
- Hütten und Gasthäuser auswählen, die regionale Produkte verwenden.
- Auf Einwegflaschen und Plastikverpackungen verzichten, stattdessen wiederverwendbare Trinkflaschen und Brotzeitboxen benutzen.

ÜBERNACHTUNG

- Bei lokalen Anbietern buchen, damit Menschen vor Ort profitieren.
- Auf Hütten und in anderen Unterkünften Strom und Wasser sparen.

UNTERWEGS

- Wege benutzen und Abkürzer vermeiden.
- Sperrungen von Wegen und Schutzgebieten respektieren.
- Keine Blumen pflücken und keine Pflanzen entnehmen.
- Waldbrandgefahr beachten.
- Müll wieder mit nach Hause nehmen und dort entsorgen.
- Toilettengänge in freier Natur möglichst vermeiden.
- Lärm vermeiden.
- Hunde an die Leine nehmen.

ROTHER
BERGVERLAG

Wegmarkierungen

Neben einer verschieden farbigen Markierung besitzen manche Wege auch eigene Nummern. Ihr Auffinden wird dadurch erleichtert.

Am Purzelkamp bei Rastenfeld (Tour 16).

Öffentliche Verkehrsmittel

Viele Orte und Ausgangspunkte sind mit öffentlichen Verkehrsmitteln erreichbar. Fahrplanauskünfte gibt es unter folgenden Internetadressen:

- Fahrpläne europaweit: fahrplan-online.de
- Fahrpläne der ÖBB (Österreichische Bundesbahn): oebb.at
- Fahrpläne des Verkehrsverbunds Ost-Region: vor.at, anachb.vor.at
- Fahrpläne der Nebenbahnen und Wieselbusse in Niederösterreich: niederoesterreichbahnen.at
- Fahrpläne Waldviertler Bahnen: waldviertelbahn.at
- Fahrpläne der Buslinien in der Tschechischen Republik: idos.idnes.cz

Grenzübergänge

Die touristischen Grenzübergänge zwischen Österreich und der Tschechischen Republik in Felling–Podmyče bzw. Hardegg–Čížov (Tour 59) sind ausschließlich für Fußgänger und Radfahrer geöffnet. Die Übergänge zwischen

Abkürzungen

B.	Betten	orogr.	orografisch, talabwärts gesehen
bez.	bezeichnet, markiert	ÖAV	Oesterreichischer Alpenverein
bew.	bewirtschaftet	OÖ	Oberösterreich
Bhf.	Bahnhof	ÖTK	Österreichischer Touristenklub
ganzj.	ganzjährig	P.	Punkt der Landkarte, Höhenkote
Ghf.	Gasthof, Gasthaus	Rest.	Restaurant
Hst.	Haltestelle	Std.	Stunde(n)
Jh.	Jahrhundert	Tel.	Telefon
Jst.	Jausenstation	unbew.	unbewirtschaftet
L.	(Matratzen-)Lager	unbez.	unbezeichnet, unmarkiert
NÖ	Niederösterreich		

Pyhrabruck und Nové Hrady/Gratzen (Touren 40, 41, 42) sowie Mitterretzbach/Hnanice, Safov/Riegersburg bzw. Langau sind für Pkw, Radfahrer und Fußgänger geöffnet. Die Übergänge können zu jedem beliebigen Zeitpunkt mit einem gültigen Reisedokument (kein Führerschein!) von Staatsangehörigen aus Ländern ohne Visapflicht benutzt werden.

Wetter

Auskünfte über das Berg- und Wanderwetter in Ostösterreich erhält man über den Österreichischen Rundfunk, Hörfunk und Fernsehen (auch Teletext), über Internet (geosphere.at) und über die persönliche Wetterberatung der »Geosphere Austria« in Wien (Tel. +43 900 566 566 1) sind wie die folgenden 0900-Nummern mit erhöhtem Tarif nur innerhalb von Österreich zu erreichen. Telefon-Tonbanddienste und Websites:

- Tonbanddienst von Geophere Austria (erhöhter Tarif): Niederösterreich Tel. +43 900 91 1566 02, Oberösterreich Tel. +43 900 91156604, 5-Tagesprognosen für Gesamtösterreich Tel. +43 900 91156610.
- Tonbanddienst des ÖAV (erhöhter Tarif): Ostalpenwetter Tel. +43 900 91 1566 82 und Tel. +43 900 91 1566 84, regionales Alpenwetter Tel. +43 900 91 1566 81.
- Online-Wettervorhersage des ÖAV und DAV: alpenvereinaktiv.com/de/bergwetter.

Telefon

Für das Telefonieren von und nach Österreich gelten folgende Landeskennzahlen:

- aus Deutschland, Italien, Ungarn, Tschechien, Slowakei und der Schweiz nach Österreich: 0043

GPS-Tracks und Koordinaten der Ausgangspunkte

Auf **gps.rother.de** stehen zu diesem Wanderführer GPS-Tracks und die Koordinaten der Ausgangspunkte zum kostenlosen Download bereit. Dieser QR-Code führt direkt zum Download.
5. Auflage, Passwort: **440005gaw**
Die GPS-Tracks können in die **Rother App** importiert werden. In der App kann man unterwegs stets sehen, wo man gerade ist und wo es langgeht. **Anleitungen dazu: rother.de/gps**
Trotz sorgfältiger Prüfung können wir Fehler und zwischenzeitliche Veränderungen nicht ausschließen. Verlassen Sie sich für die Orientierung niemals einzig und allein auf die GPS-Daten, sondern beurteilen Sie die Verhältnisse vor Ort.

Die Ruine Landstejn bei Nová Bystřice im Naturpark »Böhmisch Kanada« (Tschechien).

- aus Österreich nach Deutschland 0049, Italien 0039, Ungarn 0036, Tschechien 00420, Slowakei 00421 und in die Schweiz 0041

Achtung: Außer bei Italien entfällt bei der Ortsnummer die erste Null!

Karten

Neben den Karten in diesem Wanderführer mit Routeneintragungen und GPS-Wegpunkten werden als ergänzende Orientierungshilfe folgende Karten empfohlen:

- Freytag & Berndt-Wanderkarte 1:50.000, Blätter WK 0052, 0071, 0073–0076 (alte Serie 052, 071, 073–076).
- Kompass-Wanderkarte 1:50.000, Blätter WK 202, 203, 204 und 207.
- Österreichische Karte 1:50.000 (Österreichisches Bundesamt für Eich- und Vermessungswesen), Blätter 4303–4306, 4309–4312, 4315–4318, 4321 und 4322.
- Tschechische Wanderkarte des Klub Českých Turistů 1:50.000, Blätter 74, 78 und 81.
- Tschechische Wanderkarte der Fa. SHOCART 1:50.000, Blätter 42, 45, 47 und 53.
- Digitale Karte »BEV-Austrian Map online« (abruf- und ausdruckbar unter maps.bev.gv.at) des Österreichischen Bundesamts für Eich- und Vermessungswesen (amtl. Österreichische Karte 1:50.000).
- Digitale Karte »Tour Explorer 50 Österreich«, Version 6.0.8 von MagicMaps (amtl. Österreichische Karte und Freytag & Berndt-Wanderkarte 1:50.000).

Waldviertellandschaft am Schindelmacherweg (Tour 18).

Literatur

- Kletterführer Wachau und Waldviertel, Band 1 und 2 von Peter Dunst, im Eigenverlag erschienen; beste Kletterliteratur über das Gebiet, zu beziehen über die ÖAV-Sektion Krems (alpenverein.at/krems/klettern, krems@sektion.alpenverein.at).
- Wanderführer Wachau mit Dunkelsteiner Wald, Nibelungengau und Strudengau von Franz und Rudolf Hauleitner, Rother Bergverlag, München 2023.
- Wanderführer Welterbesteig Wachau mit Jauerling-Runde von Franz Hauleitner, Rother Bergverlag, München 2022.
- Burgen Waldviertel, Wachau, Mährisches Thayatal, Verlag Freytag & Berndt, Wien 2009.
- Othmar Pruckner: Das Waldviertel, Falter Verlag, Wien 2014.

Informationen, Fremdenverkehrsämter

Landes-Fremdenverkehrsämter und Landes-Informationsstellen:

- Österreich Werbung, Vordere Zollamtsstr. 13, A-1030 Wien, Tel. +43 1 58866-0, austriatourism.com
  Urlaubsservice Mo.– Fr. 9–13 Uhr, Tel. 00800 40020000 (gebührenfrei aus Österreich, Deutschland und der Schweiz), austria.info
- Niederösterreich-Information, Niederösterreichring 2, Haus C, 3100 St. Pölten, Tel. +43 2742 90009000, niederoesterreich.at
- Oberösterreich Tourismus Information, Freistädter Straße 119, A-4041 Linz, Tel. +43 732 7277100, tourismus@lto.at, oberoesterreich-tourismus.at, ito.at
- Tschechische Zentrale für Tourismus, Penzinger Straße 11-13, A-1140 Wien, Tel. +43 1 8920299, wien@czechtourism.com, czechtourism.com

Regionale Fremdenverkehrsämter und Auskunftsstellen:

- Donau Niederösterreich Tourismus GmbH, Regionalbüro Wachau-Nibelungengau-Kremstal, Schloßgasse 3, A-3620 Spitz an der Donau, Tel. +43 2713 3006060, urlaub@donau.com, donau.com, wachau.at, welterbesteig.at, arbeitskreis-wachau.at, naturpark-jauerling.at, arge-dunkelsteinerwald.at, life-mostviertel-wachau.at, wachau-dunkelsteinerwald.at
- Verein Naturpark Jauerling-Wachau, A-3643 Maria Laach 46, Tel. +43 2712 20332, info@naturpark-jauerling.at, naturpark-jauerling.at
- Tourismusverband Kamptal-Manhartsberg, Kamptalstraße 3, A-3550 Langenlois, Tel. +43 2734 2000, kamptal-manhartsberg.at
- Ökoregion Südliches Waldviertel, Hauptstr. 9, A-3683 Yspertal, Tel. +43 7415 676730, info@swv.at, swv.at
- Tourismusverband Nationalparkregion Thayatal, Hauptstr. 25, A-3820 Raabs an der Thaya, Tel. +43 2846 365, waldviertel.at/nationalparkregion-thayatal
- Waldviertel Tourismus, Sparkassenplatz 1/2/2, 3910 Zwettl, Tel. +43 2822 54109, waldviertel.at
- Touristisches Informationszentrum Znojmo (Městský úřad Znojmo), Obroková 1/12, 66922 Znojmo, Tel. +420 515 216111, znojmocity.cz/de
- Infocentrum Český Krumlov, Náměstí Svornosti Nr. 2, 38101 Český Krumlov, Tel. +420 380 704622, ckrumlov.cz/infocentrum

Der frei stehende Glockenturm von 1878 am Dorfplatz von Unterpertholz (Tour 54).

Gebietsüberblick

Mit dem Weinviertel und dem Mühlviertel bildet das **Waldviertel** den Norden des österreichischen Bundesgebietes. Es wird von den Kristallingesteinen der **Böhmischen Masse**, Rest eines alten Hochgebirges aus dem Paläozoikum (Erdaltertum) gebildet, die auch den Bayerischen Wald und den Böhmerwald formen und deren höchste Erhebungen im Grenzbereich zwischen Tschechien, Deutschland und Österreich zu finden sind. Das vom Klima nicht gerade bevorzugte Mittelgebirge zwischen oberösterreichischer Grenze und Manhartsberg, Tschechien und Donau wird seiner Bezeichnung allerdings nicht mehr überall gerecht, setzt doch ein abwechslungsreiches Nebeneinander von Wiesen, Weiden, Felskuppen und Waldparzellen häufig die Akzente. Aber es gibt auch noch große Waldgebiete wie etwa den **Weinsberger Wald** mit dem bekannten Langlaufzentren in Bärnkopf und Gutenbrunn sowie den **Nordwaldkamm** an der Grenze zu Böhmen und Mähren.

Steinkeller aus Granitplatten am »Luaga-Lucka-Weg« bei Altmelon (Tour 19).

Charakteristisch für das Mittelgebirge ist seine »Schüsselform« mit einem nach Westen ansteigenden Zentralplateau (»**Waldviertler Hochland**«) und den höchsten Erhebungen an den Rändern: Im Süden **Jauerling** und **Ostrong (Großer Peilstein)**, im Nordwesten, an der Grenze zu Böhmen, **Tischberg, Ahornstein** und **Vysoká** mit Gipfeln über 1000 Meter. Deshalb sind die großen Flusssysteme des Waldviertels vorwiegend in den peripheren Zonen zu finden, die **Ysper** im Südwesten, **Kamp** und **Krems** im Osten und Südosten, die **Thaya** im Norden. Die **Europäische Wasserscheide** durchzieht von der Böhmisch-Mährischen Höhe kommend das Waldviertel in Südrichtung. Damit entwässern die Gebiete um Litschau, Heidenreichstein, Schrems. Gmünd, Weitra, Bad Großpertholz und Karlstift zur Moldau und diese in die Elbe (Nordsee), jene um Dobersberg, Waidhofen an der Thaya, Vitis, Jagenbach und Groß Gerungs unweit davon aber zur Donau (Schwarzes Meer). Die das Landschaftsjuwel der **Wachau** bildende **Donau** (am Südrand des Waldviertels) floss vor rund 70 Millionen Jahren über die damals viel tiefer liegenden Gesteine und Ausläufer der Böhmischen Masse nördlich des Ostrong und des Jauerling. Im Zuge der alpinen Gebirgsbildung und durch den dabei entstehenden Gesteinsdruck wurde die Böhmische Scholle um etwa 500 m gehoben, in die sich die Donau im Laufe von Jahrtausenden zwangsweise einschürfen musste. Die Abtrennung des Dunkelsteinerwaldes vom Rest der Urgesteinsmasse ist diesem Umstand zu verdanken.
Der unterschiedliche Gesteinsaufbau des Waldviertels hat zwei gegensätzliche Landschaftstypen geschaffen. Den stärker verwitternden **Gneisen** im Osten mit ihren weitgehend ebenen Wald-, Wiesen- und Ackerflächen steht im Westen ein aus **Graniten** geformtes, an voralpine Verhältnisse erinnerndes Landschaftsbild gegenüber mit Waldkuppen, Teichen, sauren Wiesen und zahllosen Granitblöcken (Wackelsteine). Hier gibt es Gegenden, die mit ihren Mooren, Teichen, Birkenbeständen und Hutweiden an Landschaften Skandinaviens erinnern. Die wahren Paradiese des Waldviertels finden sich indes in den Gräben und Tälern, die mit ihren mäandernden, von mächtigen Granitblöcken begleiteten Bächen und Flüssen ideale Voraussetzungen für ausgedehnte Wanderungen bieten. Man darf nicht übersehen, dass sich das hier gewürdigte Gebiet jenseits der Grenze, also auf tschechischer Seite, fortsetzt mit einer Fülle weiterer Tourenmöglichkeiten: In den Wanderregionen **Novohradské hory (Gratzener Bergland)** und **Slepičí hory (Hühnergebirge)** westlich von Gmünd und Weitra, im **Naturpark Česká Kanada (Böhmisch Kanada)** nordöstlich von Litschau sowie im grenzüberschreitenden **Nationalpark Thayatal (Národní park Podyjí)** westlich von Znaim.
Trotz zahlreicher markierter Wege und unstreitiger Aktivitäten alpiner Vereine ist das Waldviertel als Wandergebiet verglichen mit alpinen Bereichen nicht wirklich geläufig, bekannt und entdeckt. Das ist auch durch den Umstand zu erklären, dass Orte wie **Martinsberg-Gutenbrunn, Ottenschlag, Traun-**

Herbststimmung am Gemeindeteich im Heidenreichsteiner Moor (Tour 46).

stein, Schönbach, Weitra und **Gmünd** durch ein verändertes Urlaubsverhalten der Mitteleuropäer ihre Bedeutung als Sommerfrische eingebüßt haben, ein Phänomen, das auch in den österreichischen Voralpen zu beobachten ist. Doch für solche, die Stille und unberührte Natur schätzen, welche in der (nur »äußerlich« unspektakulären) Landschaft des Waldviertels eine reizvolle Alternative zum Hochgebirge sehen, die gerne einmal Tausendmeteranstiege mit kilometerlangen Streckenwanderungen vertauschen, für sie bietet das Waldviertel wahrlich ungeahnte Möglichkeiten.
Auch der an Kunst und Kultur Interessierte findet im Waldviertel ein vielfältiges Angebot. Denn es besitzt eine Reihe hervorragender geistiger Zentren wie etwa die Stifte Zwettl, Geras oder Altenburg, zudem ist es reich an Burgen und Schlössern, die das an natürlichen Verteidigungswällen arme Land vor Einfällen aus dem Norden Jahrhunderte hindurch geschützt haben. In den Sommermonaten kann man an zahlreichen Orten des Waldviertels durchaus hochwertigen **Theater-, Opern-** und **Konzertaufführungen** beiwohnen.
Eine Reihe bedeutender Fern- und Weitwanderwege durchziehen das Gebiet, der **Europäische Fernwanderweg Nr. 6** (Ostsee–Wachau–Adria), der **Nord-Süd-Weitwanderweg** (Nr. 605), der Mariazeller Weg (Nr. 606), der Kamptalseenweg (Nr. 620) von Rosenburg über Zwettl zum Nebelstein, der Kuenringerweg (Nr. 611) von Groß Gerungs nach Raabs an der Thaya, der Nordwaldkammweg (Nr. 105) zwischen Dreisesselberg und Nebelstein, der Thayatalweg (Nr. 630) vom Nebelstein nach Retz.

Talorte, Ausgangspunkte, kulturelle Zentren

Arbesbach: Markt im westlichen Waldviertel mit Ruine einer auf hohem Felsen errichteten Kuenringerburg (»Stockzahn des Waldviertels«). Im 12. Jh. als »Arwaizpach« erwähnt, seit 1542 Verfall der Burg. Sehenswert die spätbarocke Pfarrkirche St. Ägidius (1772), der Pranger, das Herrenhaus (16. Jh.) sowie der auf einer Anhöhe stehende Galgen (letzte Hinrichtung 1728).

Bad Großpertholz: Marktgemeinde und Moorbad im Oberen Waldviertel. An den Ausläufern des Böhmerwaldes sowie an der Waldviertler Schmalspurbahn (Haltestelle Steinbach) und der Lainsitz gelegen. Zugang zum Naturpark »Nordwald«. In der Nähe der höchste Berg des Waldviertels, der Tischberg, 1063 m.

Bad Traunstein: Auf einem Hügel westlich von Ottenschlag aussichtsreich gelegener Markt am Rande des Granit-Waldviertels. In Ortsnähe sehenswerte Felsformationen (Wachtstein, Franzosenstein). 2008 errichtetes großes Kurzentrum mit umfassendem Gesundheitsangebot.

Benešov nad Černou (Deutsch Beneschau): Kleinstadt 20 km westlich von Weitra zwischen dem Hühnergebirge und dem Gratzener Bergland an der Schwarzau. Sehenswert sind das Rathaus von 1594, die St.-Jakob-Kirche und die alte Brauerei.

Drosendorf an der Thaya: Auf einer Felsnase hoch über der Thaya thronende Stadt mit vollständig erhaltener Stadtmauer (1,7 km lang). Sehenswertes Schloss, barocke Bürgerhäuser und Rathaus mit Sgraffitomalereien. Endstation des Erlebniszuges »Reblaus Express« aus Retz.

Gars am Kamp: Luftkurort und Sommerfrische im unteren Kamptal. Jungsteinzeitliche Siedlungen (1000 v. Chr.) auf der Holzwiese. Zur Zeit der Babenberger (11. Jh.) war Gars Residenz und somit »Hauptstadt« Österreichs. Im 19. Jh. kam der Ort durch den Bau der Kamptalbahn als Sommerfrische in Mode. Franz von Suppé schrieb hier die komische Oper »Boccaccio«. In den Sommermonaten Open-Air-Aufführungen auf der Burgruine.

Groß Gerungs: Kleinstadt im Oberen Waldviertel, 20 km westlich von Zwettl in einer stein- und waldreichen Gegend. Endpunkt der Waldviertler Schmalspurbahn. Zentrum der Waldviertler Kraftarena, wo durch Wünschelrutenmessungen besondere Kraftorte und starke Energielinien nachgewiesen wurden, wie im Bereich der Steinpyramide (Tour 31) und der »Weltkugel« (Tour 32).

Hardegg an der Thaya: Kleinste Stadt Österreichs mit nur etwa achtzig hier ständig lebenden Einwohnern. Harmonisch in einem engen Talbecken gelegener Ort mit gewaltigem Burgfelsen, auf dem die 1000 Jahre alte Burg thront (zur Zeit für Besucher geschlossen). Ständig offener Grenzübergang in die Tschechische Republik für Fußgänger und Radfahrer. Zentrum des grenzüberschreitenden Nationalparks Thayatal/Podyji.

Heidenreichstein: Städtchen nordöstlich von Gmünd mit der größten erhaltenen Wasserburg (12. Jh.) Niederösterreichs. Führungen. Moor- und Torfmuseum am Ortsrand, Naturpark »Hochmoor-Gemeindeau«.
Horn: Die Stadt ist ein wichtiger Verkehrsknoten an der Verbindungsstraße von Wien nach Gmünd mit Abzweigungen nach Zwettl und durch das Kamptal nach Krems. An den Westabhängen des Manhartsberges liegt der Walfahrtsort Dreieichen mit der gleichnamigen Basilika.
Litschau: Nördlichste Stadt Österreichs, im Norden von Gmünd am Herrensee gelegen. Altes Schloss (13. Jh.) mit mächtigem Bergfried, Stadtmauer (Fischertor) und Pfarrkirche Hl. Michael, einer gotischen Hallenkirche (15. Jh.) mit schönen Wandmalereien. Heimat Kaspar Schrammels, dessen Söhne die berühmte Wiener Schrammelmusik begründeten.
Nové Hrady (Gratzen): Stadt in Südböhmen, 13 km nordwestlich von Weitra, zwischen den Höhenzügen des Novohradské hory (Gratzener Bergland) im Süden und einer ausgedehnten Teichlandschaft im Norden. Sehenswert die 1277 durch die Witigonen erbaute Burg Nové Hrady, das Renaissance-Rathaus am Marktplatz, die neogotische Familiengruft der Grafen Bucquoy sowie der 1756 im Stil der Romantik angelegte Landschaftspark Terčino údolí (Tour 40).
Pöggstall: Markt im Weitental, des milden Klimas wegen »Meran des Waldviertels« genannt. Im Ort die Burg Rogendorf (16. Jh.; Folterkammer!) sowie ein Museum für Rechtsgeschichte im Rondell (kreisrundes Vorwerk zur Verteidigung des Schlosses).
Raabs an der Thaya: Kleinstadt am Zusammenfluss von Mährischer und Deutscher Thaya mit der auf einer Felsnase über dem Ort thronenden Burg (11. Jh.; Besichtigung mit Führung von Ostern bis 1. Okt., an Sa., So., Fei. zwischen 10 und 17 Uhr. Telefonische Voranmeldung unter Tel. +43 677 62341226). Sehenswert ferner das Klingermausoleum auf dem Uhufelsen bei der Ruine Kollmitz, Grabstätte der Familie von Klingerstorff (Tour 53).
Retz: Weinstadt mit prachtvollem Marktplatz. Sehenswert das im venezianischen Renaissancestil erbaute Verderberhaus und das Ensemble der Barock- und Biedermeierbauten. Riesiger Weinkeller direkt unterhalb des Marktplatzes (21 km Länge, bis zu 30 m tief). Wahrzeichen der Stadt ist die am Ostabhang des Manhartsberges stehende Windmühle. weinstadt-retz.at.
Schönbach: Markt und Erholungsort südlich von Arbesbach und Rappottenstein mit reizvoller Umgebung. Seit dem 15. Jh. Wallfahrtsort. 1698 Gründung eines Hieronymitaner Klosters, 1828 stillgelegt. Sehenswert sind die gotische Kirche mit drei holzgeschnitzten Flügelaltären sowie die Gnadenstatue »Maria Rast«. Eigene Pfarrhofbrauerei.
Vranov nad Dyjí (Frain): Kleinstadt an der Thaya unweit der österreichischen Grenze. Auf einem Felsen, das von Johann Bernhard Fischer von Erlach Ende des 17. Jh. erbaute Schloss, ein bedeutendes Werk der profanen Barockarchitektur. Nördlich des Ortes der 1930 aufgestaute und auch als

Erholungsgebiet dienende 30 km lange Frainer Stausee mit 60 m hoher Staumauer. zamekvranov.cz.

Waidhofen an der Thaya: Alte Burgsiedlung und Grenzstadt zwischen Böhmen und Österreich. Barocke Pfarrkirche Mariä Himmelfahrt, deren Äußeres nicht den kostbar ausgeschmückten Sakralraum erahnen lässt. Waidhofen ist Zentrum des »Bandlkramerlandes« mit ehemals bedeutender Textilindustrie.

Weitra: Älteste Braustadt Österreichs, an der Lainsitz im Oberen Waldviertel gelegen. Malerischer Stadtplatz mit Sgraffitohaus (1580). Hoch über der Stadt das Renaissanceschloss, 1994 Schauplatz der Landesaustellung. Im Juli und August Theateraufführungen. Weitra liegt an der Waldviertler Schmalspurbahn von Gmünd nach Groß Gerungs. Golfplatz.

Znojmo (Znaim): Hauptort der Südmährischen Region. Die 1000 Jahre alte Burg- und Königsstadt liegt auf einer Felszunge am linken Steilufer der Thaya unweit der österreichischen Grenze. Mittelalterlicher Stadtkern, 80 m hoher Rathausturm. Zwischen Znaim und Retz werden die besten Weine der Region gekeltert. Der Wein vom Šobes (Tour 61) wurde bis an den Kaiserhof nach Wien transportiert.

Zwettl: »Hauptstadt« des Waldviertels, am Zusammenfluss von Zwettl und Kamp gelegen, im 12. Jh. von den Kuenringern gegründet. Hundertwasserbrunnen am Stadtplatz. Historische Altstadt mit Stadtmauer, Stadttürmen und Dreifaltigkeitssäule. Bierbrauerei.

Das Kleinstädtchen Litschau am Südufer des Herrensees (Tour 48).

Tipps für wanderfreie Tage

Festspiele, Sommerspiele

Festspiele Kamptal »Opern Air« in Gars, Wald4tler Hoftheater in Pürbach/Schrems, Schloss-Weitra-Festival, Sommerspiele und Kammermusik-Festival Stift Altenburg, Musik-Festival Gföhl, Karl-May-Festspiele Gföhl, Orgelkonzerte Stift Geras, Orgelfest Stift Zwettl, Theatersommer Heidenreichstein, Kerzenlichtkonzerte auf Schloss Greillenstein und Rosenburg.

Nationalpark Thayatal

Auf einer Länge von 25 km und bis 150 Meter tief hat sich die Thaya in das kristalline Gestein der Böhmischen Masse eingegraben. Im Schatten des »Eisernen Vorhangs« blieb das Thayatal durch Jahrzehnte nahezu unberührt. Heute schützt der grenzüberschreitende Nationalpark Thayatal bzw. Podyjí auf der tschechischen Seite diesen wertvollen Lebensraum. Fast die Hälfte aller in Österreich vorkommenden Pflanzenarten und zahlreiche seltene Tiere gibt es in diesem Tal. Der Grenzlage zu Böhmen und Mähren sind die vielen Burgen und Ruinen des Tales zu danken.
Nationalpark Podyjí, Správa NP Podyjí, Na Vyhlídce 5, 669 02 Znojmo, Tel. +420 515 282 240, nppodyji.cz
Nationalpark Thayatal, Nationalparkhaus, 2082 Hardegg, Tel. +43 2949 7005-0. Geöffnet 20. März bis 30. Sept. 9–18 Uhr, 1. Okt. bis 2. Nov. 10–17 Uhr, np-thayatal.at.

Kletterpark Rosenburg

Am Rande des Parkplatzes Schloss Rosenburg. Zahlreiche Seil- und Brückenkonstruktionen, hängende Tunnel, Flying Fox, Bogenschießen. Geöffnet 20. März bis 31. Okt. im April, Mai, Sept. und Okt. Sa., So. und an Feiertagen, im Juli und August täglich, erlebnispark-rosenburg.at.

Bärenwald Arbesbach

14.000 m² großes Areal mit einem Bestand von derzeit sieben Braunbären, Ostern bis 1. Nov., baerenwald.at

Radwandern

Zu den beliebten Radwegen gehören: March-Radweg, Waldviertel-Radweg, Kamptal-Radweg, Thayatal-Radweg, Kloster-Radweg, Urzeit-Radweg, Yspertal-Radweg, Waldviertler Hochlandweg, Rund um Litschau, Durch den Weinsberger Wald, Kremstal Radweg. An größeren Bahnhöfen können Fahrräder ausgeliehen und abgegeben werden.

Waldviertler Bahnen

Als bedeutendste gilt die Schmalspurbahn von Gmünd über Weitra und den »Kleinen Semmering« (Tour 34) nach Groß Gerungs. Eine weitere Strecke führt von Gmünd nach Litschau, eine andere von Alt Nagelberg nach Heidenreichstein. Im Sommer sind an Wochenenden und Feiertagen teils dampfbetriebene Nostalgiezüge unterwegs. Der »Reblaus-Express« (Normalspur) fährt von Retz über Geras nach Drosendorf (auch Dampfbetrieb). Von Sigmundsherberg kann man über Gars nach Hadersdorf am Kamp gelangen. waldviertelbahn.at

Schmalspurbahnen durch Böhmisch Kanada

Die Fahrt mit einer der beiden Lokalbahnen (nur 760 mm Spurweite, historischer Dampfzug, Gesamtlänge 79 km!) von Jindřichuv Hradec nach Obrataň bzw. von Jindřichuv Hradec nach Nová Bystřice gehört zu den Highlights des Gebiets, Tel. +420 384 361 165, jhmd.cz (mit Fahrplänen). Informationen auch an den Bahnstationen Nová Bystřice (Tel. +420 739 503 408) und Kamenice nad Lipou (Tel. +420 778 881 693).

Besondere Sehenswürdigkeiten

Amethyst Welt Maissau: Nördlich des Manhartsberges, zwischen Maissau und Horn liegt die größte freigelegte Amethystader der Welt. Der violett glänzende, mystische Edelstein kann vor Ort in einem Schatzgräberfeld selbst geschürft oder bereits kunstvoll geschliffen erstanden werden. Amethyst Park mit verschiedenen Themengärten. Dez. bis März eingeschränkte Öffnungszeiten, sonst tägl. 9–17 Uhr, Mai–Sept. bis 18 Uhr geöffnet. Die Amethystader (Schaustollen) kann nur im Rahmen einer Führung besichtigt werden (Tel. +43 2958 84840, amethystwelt.at).
Bandlkramerland: Historische Landschaftsbezeichnung für die Region um Waidhofen an der Thaya und Groß-Siegharts, wo zwischen dem 18. und der ersten Hälfte des 20. Jahrhunderts hausindustrielle Textilgegenstände wie Bänder für Wäsche, Schnüre, Gurte sowie Gebrauchskleidung aus heimischem Leinengarn hergestellt wurden.
Nagelberger Glaskunst: Besichtigung der Glaskunstbetriebe in Brand, Alt- und Neu-Nagelberg (Glaskunstdorf Brand-Nagelberg) sowie des Glasmuseums. Info: Glasmuseum Apfelthaler (Alt-Nagelberg 97, Tel. +43 664 5738256, nagelberger-glaskunst.at), Waldglashütte Kurt Zalto (Neu-Nagelberg 58, Tel. +43 680 2021860, waldglashuette.at).
Bierbrauereien: Weiches Wasser (geringer Carbonatgehalt) ist eine der Voraussetzungen für die Produktion erstklassiger Biere. Im Gebiet der Böhmischen Masse kommt dieses natürlich vor und muss nicht, wie in anderen Regionen, behandelt werden. Zu den bekanntesten Brauereien des Waldviertels gehören jene in Weitra (Österreichs älteste Braustadt), Zwettl und Schrems, ferner die Wirtshausbrauerei in Münichreith und die Pfarrhofbrauerei in Schönbach.
Mohnanbau: Im 13. Jh. als »graues Gold« aus dem Mittelmeerraum in das Waldviertel gebracht. Verwendung als Heilpflanze und Nahrungsmittel (Öl). Der Milchsaft des Mohns wirkt einschläfernd und schmerzstillend. Es wird Grau-, Blau-, Weiß- und Klatschmohn angebaut. Als bekanntester Anbauort gilt Armschlag bei Ottenschlag. Im Juli verwandelt die Mohnblüte die Felder dort in ein wogendes weiß-lila-rotes Gemälde. Mohnlehrpfad, Mohngarten und Mohnstrudelweg. mohndorf.at.
Perlmuttmanufaktur Felling bei Hardegg: Einziges Unternehmen in Österreich, in dem Perlmutt zu Knöpfen und Schmuck verarbeitet wird (Tour 59). Das Rohmaterial stammte ursprünglich aus den heimischen Flüssen, heute aus Ostasien. Besichtigung und Verkauf: April bis Mitte Dez. 9–12 u. 13–17 Uhr, Sa. 9–13 Uhr, Mo./So./Fei, Nov./Dez. auch Di./Mi. geschlossen, Tel. 43 2916 203, perlmutt.at.
Whisky-Brennereien: Whisky-Erlebniswelt Haider in Roggenreith, waldviertlerwhisky.at; Destillerie Rogner in Roiten, destillerie-rogner.at; Destillerie Weidenauer in Kottes,vweidenauer.at; Granitdestillerie Mayer in Waidhofen/ Thaya, granitdestillerie.at.

Schlösser, Burgen und Stifte

Benediktinerstift Altenburg: Riesige Abtei hoch über dem Kamptal südwestlich von Horn, ein Juwel unter Österreichs Barockklöstern mit Kunstwerken von Baumeister J. Munggenast und Maler P. Troger. Großartige Bibliothek! Konzerte, Sommerspiele. Das Stift ist für Besichtigungen geöffnet von Ende April bis Ende Okt. Do. bis So. und Fei. 10–17 Uh (Tel. +43 2982 3451, stift-altenburg.at).
Burg Hartenstein: Ehem. Kuenringerburg (12. Jh.) auf hohem Fels im Tal der Kleinen Krems (s. Tour 3 und 4). Keine Besichtigung! Am Westfuß des Ruinenfelsens die 1884 entdeckte, 22 m lange Gudenushöhle (vor 50.000 Jahren bewohnt).
Ruine Landstejn: Einst mächtige Burg östlich von Nová Bystřice (Neubistritz) nahe der Grenze zu Österreich, eine markante Landmarke im Naturpark »Böhmisch Kanada«. Im Süden des Böhmischen-Mährischen Höhenzuges gelegen, war die im Auftrag von Przemysl Ottokar II. um 1300 errichtete Feste Stammsitz des böhmischen Adelsgeschlechts »Von Landstein und Wittingau«. Nach dem Brand von 1771 verfiel die Burg, von dessen hohen Bergfried man weit ins Land schauen kann. In und vor der Ruine Gastbetriebe (Abb. S. 15).
Schloss Ottenstein: Stolze Ritterburg am Kamp bei Rastenfeld, 1177 erstmals genannt, von 1536 bis 1940 im Besitz der Grafen Lamberg. Während des Zweiten Weltkrieges beschädigt, um 1960 restauriert. Romanische Burgkapelle (Fresken von 1170) und Barockkapelle. Besichtigung nur im Zuge einer Führung, Voranmeldung erforderlich (Tel. +43 2826 251, hotelottenstein.at).
Burg Rappottenstein: Auf mächtigem Fels über dem Kleinen Kamp thronende Feste (Tour 25) südwestlich von Zwettl mit Zufahrt von Rappottenstein (4 km). Die im Originalzustand erhaltene Burg mit ihren fünf Höfen (im innersten Hof Renaissance-Arkaden mit Sgraffiti) ist wie der gleichnamige Markt eine Gründung der Kuenringer (1157). Sie konnte niemals erobert oder zerstört werden. Besichtigung mit Führung (Tage, Zeiten und Preise siehe burg-rappottenstein.at), Burgschenke.
Burg Bítov (Burg Vöttau): Eine der ältesten (11. Jh.) und großartigsten Burganlagen Mährens, 13 km nordwestlich von Vranov nad Dyjí (Frain) über der Mündung der Zeletavka in die Thaya gelegen. Die Anlage gehörte zu den Wachburgen an der Südgrenze des böhmischen Staates zu Österreich, wurde niemals erobert und war bis 1945 ständig bewohnt (siehe Tour 57!).
Prämonstratenser-Chorherrenstift Geras: Nördlichstes Kloster Österreichs mit zahlreichen sakralen Kunstschätzen und klösterlichem Kräutergarten. Sehenswert sind vor allem der Marmorsaal (Deckengemälde von P. Troger) und die Bibliothek. Führungen Mai bis Okt. Do. bis So. und Fei. 11 und 14.30 Uhr, Di./Mi. nur 11 Uhr (Tel. +43 2912 345, stiftgeras.at).
Renaissanceschloss Rosenburg: Wie eine Gralsburg ragt die Rosenburg (12. Jh.) auf steilem Fels über dem Kamp auf (Tour 14). Sehenswert sind der

Marmorsaal, die Bibliothek und die Schlosskapelle. Öffnungszeiten siehe rosenburg.at. Turnierhof mit Greifvogel-Vorführungen von Falken, Adlern und Geiern (zwischen April und Okt. um 11 und 15 Uhr).
Ruine Kaja: Bei Merkersdorf in einem Seitenast des Thayatales gelegene ehem. Burg (12. Jh.). Einst Bestandteil der Burgenkette entlang der Grenze zu Böhmen. Vom Turm der Ruine bietet sich ein wunderschöner Blick über das Nationalparkgebiet Thayatal (Tour 58). Geöffnet 1. Mai bis 27 Okt. Sa., So., Fei. 10–17 Uhr. np-thayatal.at.
Ruine Kollmitz: Einst riesige Burg, östlich von Raabs, an der Thaya gelegen (Tour 53, 55). Um 1135 erbaut, wurde die Anlage nie zerstört, sondern von den Besitzern aufgegeben. Zum Schutz vor einfallenden Feinden aus dem Norden wurde an der schmalsten Stelle des Umlaufberges die »Böhmische Mauer« weit außerhalb des Burgbezirks errichtet. Jausenstation bei Schönwetter von Ostern bis 31. Okt. tägl. 10–17 Uhr, Sa., So. und Fei. bis 18 Uhr geöffnet. Tel. +43 664 4615881, kollmitz.at.
Ruine Novy Hrádek (Neuhäusl): Im Nationalpark Podyjí (Thayatal) gelegene Ruine inmitten unberührter Natur. Wehranlage mit doppelter Außenmauer (Manteltyp). Von Lukov (Luggau) (Parkplatz am Waldrand) zu Fuß 30 Min.
Schloss Riegersburg: Eindrucksvolles Barockschloss zwischen Hardegg und Drosendorf, umgeben von idyllischen Teichen, ein ehem. Repräsentationssitz des Oberst-Hofmeisters von Maria Theresia, Fürst Johann-Joseph Khevenhüller-Metsch. Öffnungszeiten siehe schlossruegers.at.
Schloss Rosenau: Von J. Munggenast erbautes Renaissanceschloss 8 km westlich von Zwettl mit Werken der Maler P. Troger und D. Cran (Tour 31, 32). Leopold Christoph Graf Schallenberg, Beamter am Hofe Maria Theresias, hat im Schloss eine Loge der Freimaurer eingerichtet, die auch W. A. Mozart besuchte. Hotel, Sonderausstellungen. Freimaurermuseum Anf. April bis Ende Okt. tägl. außer Mo. 9–17 Uhr geöffnet. An der Zufahrt der von Georg Schönerer 1907 errichtete, 9 m hohe Bismarckturm. freimaurermuseum.at.
Zisterzienserstift Zwettl: Nordöstlich von Zwettl gelegenes, 860 Jahre altes Kleinod österreichischer Klosterarchitektur. Kreuzgang mit gotischem Brunnenhaus, von J. Munggenast geschaffene Bibliothek, herrliche Stiftskirche mit 90 m hohem Barockturm. Stiftsbesichtigung, Öffnungszeiten siehe stift-zwettl.at, Tel. +43 2822 2020217 und +43 664 8152314.

Die stolze Burg Rappottenstein (Tour 25).

1 Schanzriedel, 508 m

4.00 Std.

Ein übersehener Felsthron im Kremstal

Trotz seiner Bedeutung als Luginsland und einstige Keltensiedlung ist der Schanzriedel ein erstaunlich stilles Ziel. Wir besuchen den Felskopf im Zuge einer Wanderung von Senftenberg zum Senftenbergeramt.

Ausgangspunkt: Senftenberg, 254 m, im unteren Kremstal, Postamt an der Durchgangsstraße »Oberer Markt« im nördlichen Ortsbereich (Bushalt der Linie 704 Krems–Gföhl–Ottenschlag).
Anforderungen: Mittellange Wanderung auf bezeichneten Wegen und Straßen. Im Gipfelbereich des Schanzriedel sind jedoch Trittsicherheit und Schwindelfreiheit nötig!
Höhenunterschied: 340 m im An- und Abstieg.
Einkehr: In Senftenberg mehrere Gastbetriebe (auch Heurige). Unterwegs keine Einkehr.

Vom **Postamt Senftenberg (1)** die Straße nach Ostra über die Krems zur Teilung, danach rechts den staubfreien **Güterweg »Hiesberg«**, später auf breitem Fußweg (Nr. 606) am Kremsufer entlang in die Fraktion Altau und über den Bach zur Kremstalstraße in **Botental (2)**. Jenseits den bez. Fahrweg Nr. 606 nordostwärts durch den **Badergraben** hinauf zu einer Teilung. Geradeaus weiter zu den Feldern am Waldviertelplateau und über sie zum **Poberkreuz (3)**, 445 m. Dort auf Forststraße eben nach links, später durch Wald aufwärts zu einer **Anhöhe mit Felsplatte (4)**.

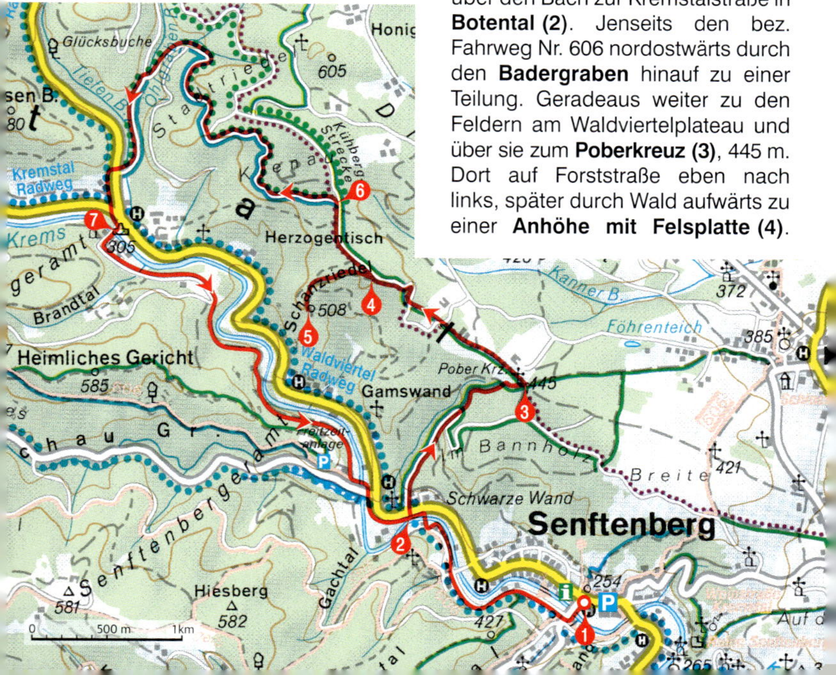

Felsformationen im Gipfelbereich des Schanzriedel.

Links ab und auf unbez. Straße den Schanzriedel-Rücken nach Südwesten hinab in einen Sattel. Beim Steinmann links ab und auf rot bez. Steig südwärts auf einen Vorgipfel. Über Felsstufen hinab in eine Scharte und jenseits über eine 3 m hohe Wand (Trittklammer, Drahtseil) auf den **Schanzriedel (5)**, 508 m – Windfahne, Buch.
Zurück zur **Anhöhe mit Felsplatte (4)** und dort den bez. Fahrweg nach links (Nordwesten) zur Verzweigung **Herzogentisch (6)**, 540 m. Links die bez. Forststraße in einen Sattel mit Gabelung. Geradeaus weiter, dann nach links hinab in den **Öhlgraben** und dort südwärts zur Gföhler Straße. Auf ihr nach links zu den Häusern und zur Straßenverzweigung **Senftenbergeramt (7)**, 305 m. Die Straße nach Lichtenau 50 m nach rechts zu einem Kriegerdenkmal. Nach links über die Krems, dann auf bez. Forststraße südostwärts hinauf zu einer Schulter mit Blick auf die Gamswand an der gegenüberliegenden Talseite. Jenseits auf bez. Fußweg erst durch Auwald, dann über Wiesen zur Kremsbrücke. Am rechten Ufer weiter zu einer Wiese und zur **Reichaustraße.** Auf ihr über die Brücke nach links zur Kremstalstraße. Diese rechts haltend nach Botental und wieder zurück zum Ausgangspunkt im Zentrum von **Senftenberg (1)**.

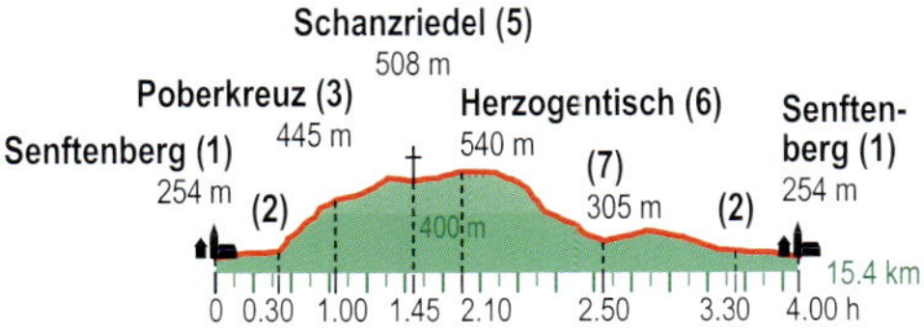

2 Um den Reichaugraben

5.30 Std.

Waldviertel-Impressionen bei Senftenberg

Wer nach einer strammen Tagestour Ausschau hält, wem es die herbe Landschaft, die sanfte Melancholie des Waldviertels angetan haben, der sollte sich von Senftenberg auf die Wanderschaft um den Reichaugraben begeben.

Ausgangspunkt: Senftenberg, 254 m, Postamt an der Durchgangsstraße »Oberer Markt« im nördlichen Ortsbereich (Bushalt 704 Krems–Gföhl–Ottenschlag).
Anforderungen: Einfache, aber lange Wanderung. Nicht optimal markiert, im Anstieg zum »Heimlichen Gericht« auch weglos. Orientierungssinn nötig!
Höhenunterschied: 610 m.
Einkehr: In Senftenberg mehrere Gastbetriebe (auch Heurige). Unterwegs keine Einkehr!

Von **Senftenberg (1)** wie bei Tour 1 zur Kremstalstraße in **Botental (2)**. Auf ihr 600 m nach links zur Linksabzweigung der Straße in den **Reichaugraben** und diese über die Krems zu neuerlicher Gabelung. Rechts auf grün bez. Fahrweg den Rücken zwischen Reichaugraben und Kremstal nach Nordwesten hoch. Bald im Wald auf verfallenem Steig hoch und über den Rücken, einige Felsbildungen umgehend, nach Nordwesten aufwärts zum **höchsten Punkt (3)** – P. 585 m, Vermessungszeichen. Auf unbez. Steig kurz nach links (Süden) hinab zur Felsgruppe **Heimliches Gericht (4)**, 570 m. Von P. 585 m den grün bez. Steig nach links (Westen) hinab zu einem Fahrweg und auf ihm in den Sattel vor der Kohlerhöhe. Jenseits den Rücken bergauf zum rot und blau bez. Fahrweg Nr. 606 und auf diesem zu einem Hof. Nun auf Naturstraße links haltend durch Wald auf und ab in eine Wiesenmulde (Hof, Bildstock) mit Verzweigung. Auf bez. Fahrweg durch Wald nach rechts (Westen) empor, dann rechts ab zum Gipfel der **Kohlerhöhe (5)**, 647 m (Felsblöcke, keine Rundsicht).

Auf der Hiesbergwarte bei Senftenberg.

Zurück zum Hauptweg und diesen nach Südwesten hinab zu einer Verzweigung. Auf rot bez. Fahrweg geradeaus über eine Anhöhe hinweg, dann am breiten Rücken **Lichtenfleck** über Felder und Wiesen zu einer Verzweigung (Bildstock). Die grün bez. Asphaltstraße durch ei-

nen Graben nach links (Süden) hinab nach **Reichau (6)**, 476 m, und dort die Ortsstraße 100 m nach rechts zur Kirche. Den gelb bez. Fahrweg hinab zum Reichaubach. Neben ihm kurz nach rechts, dann links durch einen Waldgraben, später über Wiesen nach Süden empor zu querender Asphaltstraße (Bildstock). Auf ihr südostwärts, über einen Sattel hinweg, in den Ort **Ostra**, 623 m. Bei den ersten Häusern links auf gelb bez. Asphaltstraße oberhalb des Dorfes vorbei zu einer Verzweigung. Links auf unbez. Weg über Wiesen nach Norden zum Gipfel des **Stögerriedels (7)**, 677 m.

Zurück zur gelb bez. Asphaltstraße und diese eben nach links in den Sattel, 589 m, beim **Bildstock Weißes Kreuz.** Links auf rot und gelb bez. Forststraße am Waldrand nach Norden abwärts, dann nach rechts in den Wald zu einer Teilung. Die gelb bez. Straße gerade fort zur nächsten Verzweigung und links haltend zu dritter Gabelung. Nach rechts hinaus an den **Hiesbergrücken**. Dort aufwärts zu einer Anhöhe. Rechts den bez. Fahrweg vorerst über Felder (Blick auf Stift Göttweig), dann im Wald hinab zur Verzweigung am Sattel vor dem P. 543 m. Die grün markierte Forststraße geradeaus weiter abwärts zur Linksabzweigung eines Fahrweges. Diesen in Ostrichtung zu einer Anhöhe, dann über einen Waldrücken hinab in einen Sattel und jenseits empor zur **Hiesbergwarte (8)**, 427 m (Metallfahne). Vom Sattel den grün bez. Weg über den Waldrücken abwärts, später eine Flanke ostwärts hinunter nach Hiesberg und über die Kremsbrücke nach **Senftenberg (1)**.

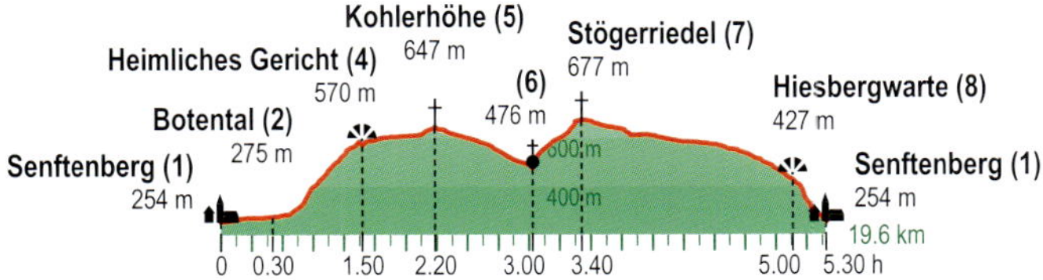

3 Große Krems und Wotansfelsen, 628 m

3.30 Std.

Klassische Rundtour am Kremszwickl

Das Schluchtenland des südlichen Waldviertels erreicht seinen Höhepunkt am »Zwickl«, dem Zusammenfluss von Großer und Kleiner Krems. Adlerhorste wie der archaische Wotansfelsen ergeben ein wildromantisches Szenario.

Ausgangspunkt: Parkplatz Burg Hartenstein, 515 m, zwischen Maigen und Purkersdorf, 150 m flussabwärts von der Straßenbrücke über die Kleine Krems (Bushalt).
Anforderungen: Einfache Wanderung auf meist guten Fahr- und Fußwegen. Orientierungssinn erforderlich!
Höhenunterschied: 300 m im An- und Abstieg.
Einkehr: Unterwegs keine Einkehr.

Variante: Vom Saghäuslsteg das Tal weiter aufwärts bis zur Abzweigung des Weges nach Brauhaus. Dort in östlicher Richtung hinauf zur Hochfläche des Weißenstein. Auf Güterwegen über Felder zur Asphaltstraße vor Felling. Rechts ab und die gelb bez. Straße nach Süden, vorbei am Latzenhof, in den Wald und dort nach einer Kehre zur Abzweigung des blau bez. Weges zum Wotansfelsen. Zusätzlicher Zeitaufwand 1 Std.

Vom **Parkplatz (1)** auf Fahrweg (»Geologischer Lehrpfad«) entlang der Kleinen Krems (Schranken) flussabwärts, später links abwärts zur Kremsbrücke am Fuß der Burg Hartenstein. An das linke Ufer und dort, an den Abzweigungen zur Gudenus- und zur **Eichmayerhöhle (2)** vorbei, das gewundene Tal sanft abwärts zum romantischen **Krems-Zwickl (3)** – Verzweigung – am Zusammenfluss von Großer und Kleiner Krems. Links das Tal der Großen Krems auf rot bez. Forstweg in Nordwestrichtung stromaufwärts, an der Abzweigung zur Teufelsrast und der J.-Fischer-Furt vorbei, zum **Hasenfleck (4)** an der Mündung des Gillauser Baches.

Die versteckt gelegene Burg Hartenstein im Tal der Kleinen Krems.

Weiter auf bequemem Wanderweg am orografisch rechten Ufer der Großen Krems bis zum **Saghäuslsteg (5)**. Nach dem Steg, bei alten Mauerresten, rechts ab (Pfeil Taubitz-Lichtenau) und einen blau bezeichneten Ziehweg in weitem Rechtsbogen hinauf zur Kehre einer Forststraße. Diese weiter aufwärts zur nächsten Kehre und dort den **Aurel-Fiedler-Weg (6)** gerade weiter. Den begrünten Karrenweg erst eben durch die steilen Flanken der Zwettler Leiten, dann in 3 Kehren den steilen Hang aufwärts in einen Sattel. Den querenden und unbezeichneten **Wilhelm Hirmke-Weg (7)** nach rechts (Süden), erst eben, später in weitem Bogen links abwärts zu einem querenden Karrenweg (blaue Zeichen). Scharf nach rechts bis zum Ende des Weges und dort einen Steig entlang von blauen Zeichen wenige Meter hinauf zum felsigen Gipfel des **Wotansfelsens (8)**.
Zurück zur Einmündung des W.-Hirmke-Weges. Dort gerade weiter, erst abwärts, dann eben bis zur spitzen Einmündung eines **Güterweges (9)** – ein vorher einmündender Weg, mit Schranken, bleibt unberücksichtigt. Scharf rechts den gelb bez. Güterweg durch die Zwettler Leiten in weiten Kehren nach Süden hinab ins Kremstal, das man bei der Wehranlage des Kraftwerks Hohenstein erreicht. Auf Fahrweg über die Große Krems und flussaufwärts zur Einmündung der Kleinen Krems beim **Krems-Zwickl (3)**. Links haltend zurück zum **Ausgangspunkt (1)**.

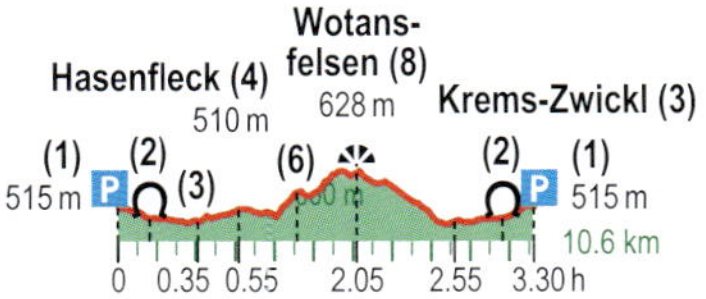

4 Über den Vettersteig auf die Teufelsrast, 660 m

2.15 Std.

Dort, wo sogar der Teufel rastet!

Die für Waldviertel-Verhältnisse überaus wildromantische Gegend um den Kremszwickl, dem Zusammenfluss von Großer und Kleiner Krems, gehört zu den landschaftlichen Attraktionen des Waldviertels. Wer einen guten Überblick über dieses Kleinod gewinnen, die Schau von den Höhen herab genießen möchte, besteigt den Gipfel der Teufelsrast. Diese Aussicht »genossen« schon unsere Vorfahren zur Zeit des Neandertalers, als sie die schützenden Höhlen im Steilfels dieses Canyons aufsuchten.

Ausgangspunkt: Parkplatz Burg Hartenstein, 515 m, zwischen Maigen und Purkersdorf, 150 m flussabwärts von der Straßenbrücke über die Kleine Krems (Bushalt).
Anforderungen: Anspruchsvolle Tour für geübte Geher. Trittsicherheit, Schwindelfreiheit und etwas Klettersteig-Erfahrung nötig. Bei Nässe abzuraten!
Höhenunterschied: 250 m im An- und Abstieg.
Einkehr: Unterwegs keine Einkehr.
Variante: Wer sich den Anstieg über den Vettersteig nicht zutraut, kann vom Zwickl entlang der Großen Krems bis vor die J.-Fischer-Furt wandern und von dort auf spärlich bez. und stark verwachsenem Steig mühsam zur Teufelsrast ansteigen.
Hinweis: Sollte der Rückweg über die Eichmayerhöhle in das Kremstal wegen Felssturzgefahr gesperrt sein, kann man auf gutem Weg westwärts nach Purkersdorf und von dort oberhalb der Straße zur Maigenmühle absteigen (plus 20 Min.).

Wie bei Tour 3 zum **Krems-Zwickl**. Kurz bevor man die Einmündung der Großen Krems erreicht, zweigt links bei einem Felsriegel der blau bez. **Vettersteig** ab. Links des Felsriegels auf Steigspuren durch Wald steil nach Norden aufwärts unter eine Felswand und dort über geneigte Platten (Drahtseil, Eisenklammern) schräg nach links hoch. Nun auf Steig durch Gestrüpp nach links, dann in Kehren unter einen Felsaufschwung. Durch einen etwas feuchten Kamin (Drahtseil, Schlüsselstelle) 3 m aufwärts und nach rechts zu einem Absatz am Ostkamm. Nun in die bewaldete Nordseite und dort steil abwärts, dann in längerer Querung zu einer Verzweigung. Über eine 6 m hohe Leiter kann man von hier zur höhlenartigen Nische der **Schusterlucke (3)** gelangen. Von der Verzweigung die steile Bergflanke in nordwestlicher Richtung weiter zur nächsten Wegteilung. Auf dem gelb bez. Steig

Am Eingang zur Gudenushöhle.

mühsam geradeaus weiter zum Leiternanstieg zur Teufelskirche. Über eine 10 m hohe Wand (zwei Eisenleitern) aufwärts, dann kurze exponierte Rechtsquerung, zuletzt durch eine steile Runse (Drahtseil) empor zum engen Spalt der **Teufelskirche (4)**, 568 m, inmitten einer Felswand.
Zurück zur letzten Wegteilung. Zur Teufelsrast rechts den gelb bez. Steig über einen bewaldeten, felsdurchsetzten Steilhang (Drahtseile) nach Süden hinauf auf den Ostkamm des Berges. An der Abzweigung des Weges zur Eichmayerhöhle vorbei, später scharf rechts ab und in weit ausholendem Linksbogen nach Norden hoch zur **Teufelsrast (5)**, 660 m. Herrlicher Blick zum Wotansfelsen an der gegenüberliegenden Talseite!
Zurück zur Abzweigung des blau bez. Weges zur Eichmayerhöhle. Auf ihm über einen Waldrücken nach Süden hinunter, dann durch ein wildes Felslabyrinth nach rechts zum mächtigen Felsüberhang des **Steinernen Saales** und weiter zum Eingang in die **Eichmayerhöhle (6)** – Blick zur Burg Hartenstein. Den blau bez. Steig vorerst steil (Drahtseil), dann sanft nach Südwesten hinab zur Naturstraße im Tal der Kleinen Krems und auf ihr zurück zum **Ausgangspunkt (1)**.

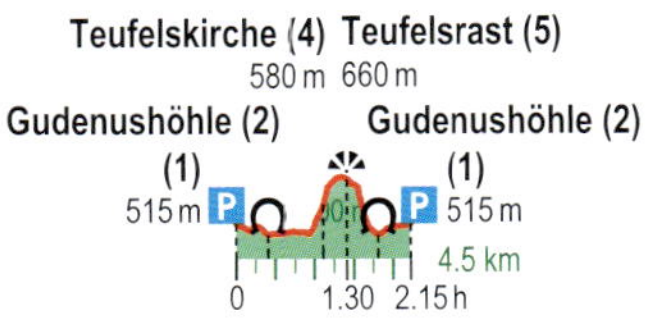

5 Schwarzaugraben

5.30 Std.

Entdeckung eines übersehenen Kleinods

Dass es ganz im Süden des Waldviertels, fast schon in Donaunähe, mancherlei zu entdecken gibt, beweist die Wanderung durch den Schwarzaugraben bei Eitental. Sie wartet mit Stille, unberührter Natur und spektakulärer Kataraktstrecke auf und beschert Landschaftseindrücke vom Feinsten. Benötigt werden dabei wache Sinne und trainierte Beine, denn die Neun-Kilometer-Strecke von Eitental über Pöbring nach Schwarzau muss auch retour bewältigt werden und unterwegs gibt es keine Einkehrmöglichkeiten.

Ausgangspunkt: Eitental, 279 m, Straßenabzweig nach Mörenz/Seiterndorf von der B 216 (Bushalt »Eitental« der Linie 790 Melk–Pöggstall, Parkmöglichkeit).
Anforderungen: Einfache, aber lange Wanderung. Großteils bez. Wege.

Höhenunterschied: 400 m im An- und Abstieg.
Einkehr: Keine.
Hinweis: Aufgeteilt in zwei Teilstrecken (2.30 bzw. 3 Std. Gehzeit) ausgehend jeweils in Pöbring kann das Unternehmen auch mit Kindern empfohlen werden.

Von **Eitental (1)** die Straße nach Seiterndorf durch den Mörenzergraben 200 m aufwärts zur Linksabzweigung einer Asphaltstraße (kleine Kapelle). Auf ihr (JGR) im Wald nach Süden bergauf zu freien Wiesen und dort um

Dieser Steg über den Schwarzaubach verbindet Hin- und Rückweg.

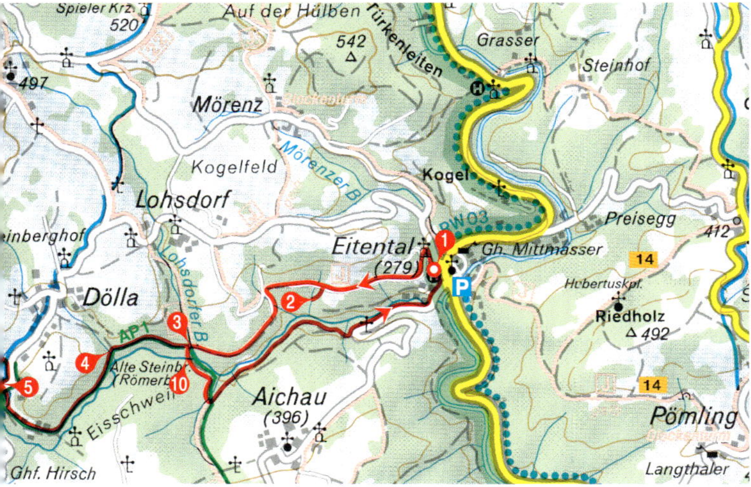

Die malerische Ortskapelle von Schwarzau.

eine Ecke nach rechts herum zu einer Verzweigung (Kruzifix, Bank). Die gelb bezeichnete Naturstraße geradeaus nun an der rechten Seite des Schwarzaugrabens in Westrichtung sanft bergauf zu einem Hochstand und danach zur Linksabzweigung (Bank) des Stiegenweges zur nahen **Zwergerlquelle (2)**. Auf dem jetzt begrünten Fahrweg an den Waldhängen westwärts eben fort zu seinem Ende. Dort kurz auf Stiegenweg hoch, dann auf Fußweg zu einer Forststraße. Auf ihr nach links (Süden) abwärts, später nach rechts (Westen) zu den Wiesen in der Talsohle des Schwarzaugrabens und dort zur Einmündung des **Lohsdorfer Grabens (3)**. An seiner rechten Seite kurz aufwärts, dann nach links über den Bach und jenseits zum querenden rot bezeichneten Fahrweg Nr. 22 (»Fürnbergsche Poststraße«, 18. Jh.). Diesen nach links (Süden) hinab wieder zu den Wiesen an der Schwarzau.
Nicht weiter zur nahen **Alten Steinbrücke (10)**, sondern gleich am Wiesenrand rechts ab und auf grün bezeichnetem Fahrweg eben nach Westen in den Wald. Dort rechts überm Schwarzaubach sanft bergauf zur Rechtsein-

mündung des **Döllagrabens (4)**. Nun auf Fußweg zunächst über den Döllabach, danach an der steilen Waldflanke überm Schwarzaugraben nach Südwesten aufwärts zu einem Fahrweg. Diesen auf und ab wieder in die Sohle des Schwarzaugrabens und dort über Wiesen zu den ersten Häusern von Pöbring. In Nordrichtung aufwärts zur Durchgangsstraße Artstetten–Weiden und diese rechts zur Schwarzaubrücke im Zentrum von **Pöbring (5)**, 369 m. 100 m auf der Straße in Richtung Dölla zur Linksabzweigung einer schmalen Asphaltstraße. Auf ihr am rechten Rand einer ebenen Wiese westwärts zu einigen Häusern an der Verengung des Schwarzaugrabens. Noch vor der Brücke rechts ab und auf grün bezeichnetem Naturfahrweg den Graben sanft aufwärts zu den Wiesen an der Mündung des **Mürfelndorfer Grabens (6)** – Marien-Bildstock, Bank. In der Grabensohle gerade fort bald wieder in den Wald und dort zu einer felsigen Verengung. Rechts neben dem Bach (Kaskaden) durch die felsig-bewaldete Talenge aufwärts zur Verzweigung beim **Schwarzaubachsteg (7)**. Über die Holzbrücke an das linke (südliche) Ufer und dort zu querendem unbezeichneten Waldfahrweg. Auf ihm rechts haltend bald zu seinem Ende, danach auf verfallenem Fußweg durch Wald nach Nordwesten aufwärts, später auf Fahrweg den sich weitenden Graben empor zur Durchgangsstraße in **Schwarzau (8)**, 527 m. Auf ihr, an der Ruine Schwarzau (links) vorbei, in Nordrichtung aufwärts zur Teilung und rechts haltend über Wiesen zur nächsten Verzweigung. Rechts ab und ostwärts auf Asphaltstraße (Alpenblick!) eben nach **Oberndorf (9)**, 575 m. Durch den Ort in Südrichtung abwärts und auf grün bezeichneter Asphaltstraße über Wiesen hinab zu einem Geräteschuppen am Waldrand, danach auf Karrenweg in Kehren hinunter in den Schwarzaugraben. Links vom Bach hinab zum **Schwarzaubachsteg (7)** und über ihn nach rechts wieder zum unbezeichneten Waldfahrweg, dem wir jetzt nach links folgen. An den Waldhängen rechts überm Bach in Südostrichtung sanft abwärts zur Talweitung bei **Pöbring (5)**. Weiter wie im Anstieg durch den unteren Schwarzaugraben zur »Fürnbergschen Poststraße«. Auf ihr (rot bezeichnet, Weg Nr. 22) rechts haltend über die **Alte Steinbrücke (10)**, danach im Wald nach Süden aufwärts zur nächsten Steinbrücke. Gleich nach ihr links ab und auf unbezeichnetem Fahrweg nach Nordosten abwärts in den Schwarzaugraben. Dort meist im Wald eben talaus, zuletzt an den Hängen empor zur Straße Eitental–Aichau. Auf ihr hinab nach **Eitental (1)** und auf der B 216 150 m nach Norden zum Ausgangspunkt.

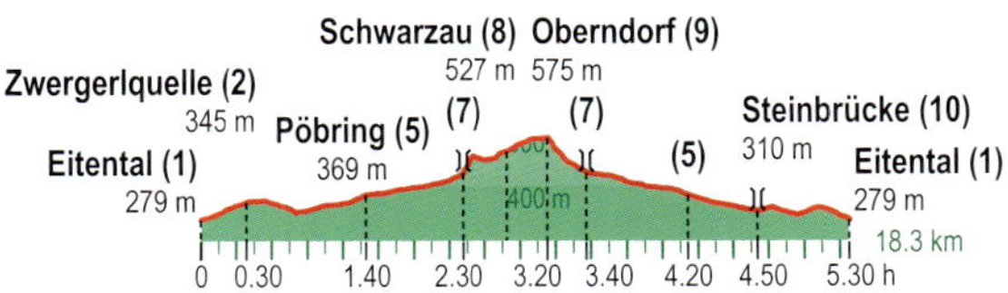

6 Ostrong: Großer Peilstein, 1061 m

5.30 Std.

Einsamkeitserlebnis am höchsten Gipfel des südlichen Waldviertels

Gefordert wird man schon am 500-Meter-Anstieg über den »steilen Weg« auf den exponierten Felsgipfel des Kleinen und weiter auf den Großen Peilstein. Dafür bietet der anschließende Übergang zum Ostrong-Südgipfel, dem Kaiserstein, nur noch reinen Gehgenuss.

Ausgangspunkt: Laimbach am Ostrong, 526 m (Bushalt, Parkmöglichkeit).
Anforderungen: Einfache, aber lange Wanderung. Auf den Gipfelfelsen des Kleinen Peilstein ist Trittsicherheit notwendig.
Höhenunterschied: 560 m im An- und Abstieg.
Einkehr: Gasthöfe in Laimbach und Münichreith (Wirtshausbrauerei).

Variante: Wer nur den Kleinen und Großen Peilstein besteigen möchte, wählt als Rückweg den Anstiegsweg. Alternativ kann bei Nässe über den »Leichten Weg« abgestiegen werden. Dieser zweigt 100 m südlich des Großen Peilstein links ab (unbez.) und führt auf Karrenweg, später auf bequemer Forststraße (Wegpfeile) in weit ausholendem Bogen hinab zur Forststraßenkreuzung (siehe Aufstieg).

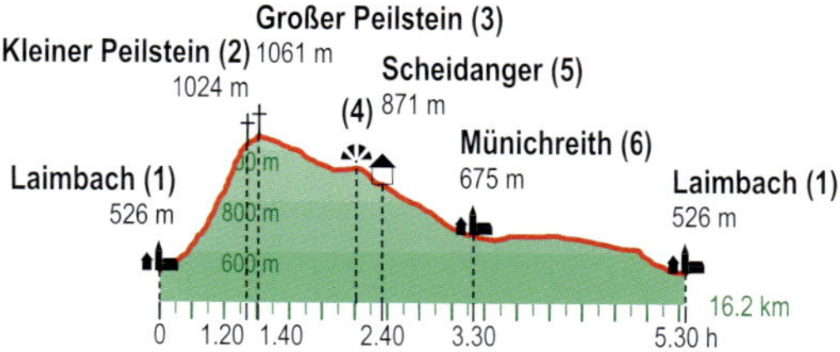

Von **Laimbach (1)** die Asphaltstraße nach Süden in Richtung Münichreith zum »Pfiat-di-Gott-Marterl« (Bildstock) am Ortsrand. Gleich darauf rechts ab und auf rot bez. Weg Nr. 55 am Wiesenrand, dann im Wald nach Westen hinauf zu einem Karrenweg. Diesen mäßig steil nach rechts empor zu einer Forststraßenkreuzung (Bank, Wegpfeile). Die »Schwere Strecke«, Nr. 55, steil hinauf und über zunehmend größere Felsblöcke auf einen Felskamm (Schneidermauer) mit Aussichtspunkt. Durch den stark verblockten Wald hinauf zu einer Verflachung beim Wendeplatz einer Forststraße. Diese nach Westen, dann links ab und auf markiertem Steig steil empor auf den Rücken zwischen Kleinen und Großen Peilstein. Den rot bez. Kammweg über Felsen nach links und entlang der Ostseite der Granittürme nach Norden zum weit vorspringenden Felsgipfel des **Kleinen Peilstein (2)**, 1024 m.
Zurück zur Einmündung des Weges von Laimbach herauf. Geradeaus auf dem rot bez. Steig Nr. 608 am dicht bewaldeten Rücken über Felsblöcke

nach Südwesten empor zum **Großen Peilstein (3)**, 1061 m, dem höchsten Berg des südlichen Waldviertels. Zum »Peilsteiner Sonnenplatzl« vom Gipfel etwa 50 m nach Westen (Tisch mit Rastbänken).
Auf Weg Nr. 51 am breiten Waldrücken in Südrichtung abwärts zur Rechtseinmündung des Weges Nr. 33 von Altenmarkt. Geradeaus weiter in einen Sattel und jenseits hinauf zum Gipfel des **Kaisersteins (4)**, 935 m. Den Weg

Am Gipfel des Kleinen Peilsteins.

nach Süden hinab in den Sattel am **Scheidanger (5)**, 871 m, TVN-Unterstandshütte. Nun links auf Forststraße etwas eintönig durch Wälder in Südostrichtung abwärts nach Altwaldhäusl und auf asphaltiertem Güterweg nach **Münichreith (6)**, 675 m.
Die Straße in Richtung Laimbach zum Weiler **Mayerhofen,** dort rechts ab und gleich links auf die »Alte Straße«. Diese über Felder und Wiesen zur querenden **Straße nach Gottsberg (7)**. Bald danach links ab und durch Wald, dann über die **Wiesenflur Gsteinert (8)** zur Zufahrtsstraße nach Zöbring. Bevor diese die Hauptstraße erreicht, rechts ab und rechts des Laimbaches um den Kienberg herum, danach hinab in die Talniederung. Bei einem alten Hof auf das linke Bachufer, dann, noch zweimal das Ufer wechselnd, über einen Wiesenweg zurück nach **Laimbach (1)**.

3.00 Std.

Ysper: Herzsteinweg

7

Zu den Steinernen Mandln im Yspertal

Zu den lohnendsten Wanderzielen an der Westseite des Yspertales gehören Weißenberg, Totenkopf und Herzstein. Als Anmarschroute wählen wir den »Herzsteinweg«, der von Ysper südlich um den Weißenberg herum und durch die liebliche Hochmulde des Loseneggeramtes zur Höhe leitet. Etwas »Einsatz« erfordert das Felsgebilde des Herzsteins. Denn wer diesen sonderbaren Fels nicht durchkriecht, sich nicht durch den engen Spalt am Felssockel zwängt, behält alles Übel, auch körperliche und seelische Pein! So verspricht es zumindest die Überlieferung.

Ausgangspunkt: Ysper, 504 m (Bushalt, Parkmöglichkeit am Hauptplatz).
Anforderungen: Einfache Wanderung auf guten Wegen.
Höhenunterschied: 390 m im An- und Abstieg.
Einkehr: Gasthöfe in Ysper. Unterwegs keine Einkehr!
Varianten: 1) Vom Hof Pireitsteiner (4) kann man auf bez. Weg ostwärts zum Totenkopf und auf den Weißenberg (782 m) wandern. Die Besteigung des Totenkopfs erfolgt von Süden über eine Holzstiege. Der Weg endet am felsigen Gipfel des Weißenbergs (Holzkreuz, Tiefblick in das Yspertal!). Zeitaufwand 30 Min.
2) Zur Burgsteinmauer: Von Kote 770 westwärts zur Dorfstettner Straße (Weg 606) und auf ihr rechts haltend zur Linksabzweigung eines Güterweges. Von diesem gleich rechts ab und in zwei Kehren zu einem Wendeplatz. Auf bez. Weg etwas unübersichtlich weiter zum felsigen Gipfel der Burgsteinmauer (975 m; Holzleiter, Gipfelkreuz) mit umfassender Rundsicht. Zeitaufwand 1.45 Std.

Von **Ysper (1)** die Asphaltstraße nach St. Oswald südwestwärts zur Ortsendetafel. Dort den rot bez. Weg Nr. 34 durch einen Graben nach rechts (Westen) hinauf zum **Schauerkreuz (2)**, 550 m. Auf Karrenweg nach links in den Wald und über einen Waldrücken in Westrichtung hinauf zu einer Forststraße. Auf ihr (Pfeil »Herzsteinweg«) an der Ostflanke des Weißenbergs nach links (Süden) hinab zum **Waldrand (3)** und dort auf bez. Fußweg nach rechts zu einer Verzweigung. Rechts im Wald empor zur Ackerfläche beim **Hof Pireitsteiner (4)**, 730 m, mit dem »Steinernen Kornmandl« in der Feldmitte. Vom Hof Pireitsteiner nach Norden zum **Windhaghof (5)** in der Wiesenmulde des hinteren Loseneggeramts. Rechts haltend über Wiesen und durch Wald empor zu einer Wegteilung (Kote 770; Linksabzweigung von Weg 606 zur Burgsteinmauer). Weiter auf Karrenweg über den Waldrücken des Hinterberges steil nach links (Norden) hinauf zu einer Schulter mit Granitblöcken und dort zum fünf Meter hohen **Herzstein (6)**, 825 m, rechts des Weges.

Das Steinerne Kornmandl beim Hof Pireitsteiner.

Das Felsgebilde des Herzsteins.

Auf rot bez. Weg Nr. 34 in Nordwestrichtung um den Hinterberg herum und hinab zur Dorfstettner Straße. Auf ihr rechts haltend in die Senke beim **Hauswiesen-Moor (7)**, dann rechts ab und auf Waldweg, an riesigen Felsblöcken vorbei, ostwärts vorerst eben dahin, dann durch die Loizen steil hinab zur Hofkapelle beim **Hof Geretzlehen (8)**, 660 m.

Auf Asphaltstraße in weiter Kehre nach rechts (Süden) hinunter zur Verzweigung vor dem Hof Obergrub. Einen Wiesenweg nach rechts hinab zum Bach und jenseits empor zu einer Wegteilung. Den breiten Weg an der bewaldeten Talflanke nach links (Osten) abwärts, später entlang eines Waldlehrpfades in Südostrichtung zum **Schauerkreuz (2)**. Weiter auf bekanntem Weg zurück zum Ausgangspunkt nach **Ysper (1)**.

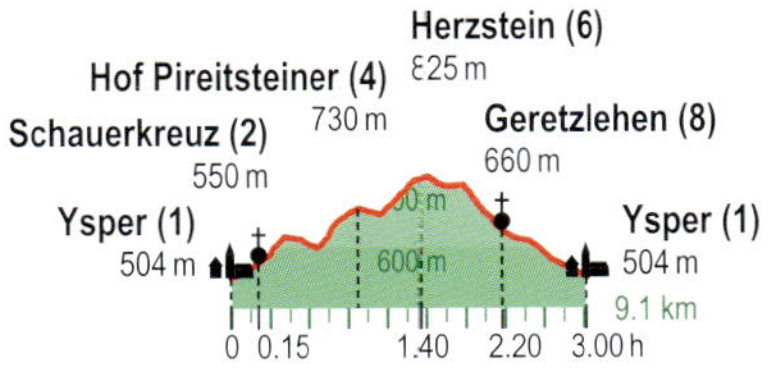

TOP 8 Ysperklamm und Kaltenberg

4.00 Std.

Gischtende Wasserfälle, mystische Steine und Druidentreffpunkte

Wo das innere Yspertal zur Hochfläche des Weinsberger Waldes ansteigt, kann man eine der attraktivsten Kataraktstrecken des Waldviertels, die Ysperklamm, bewundern. Nach diesem schäumenden und brausenden Auftakt wartet der mit mächtigen Felsblöcken übersäte Kaltenberg auf den Wanderer.

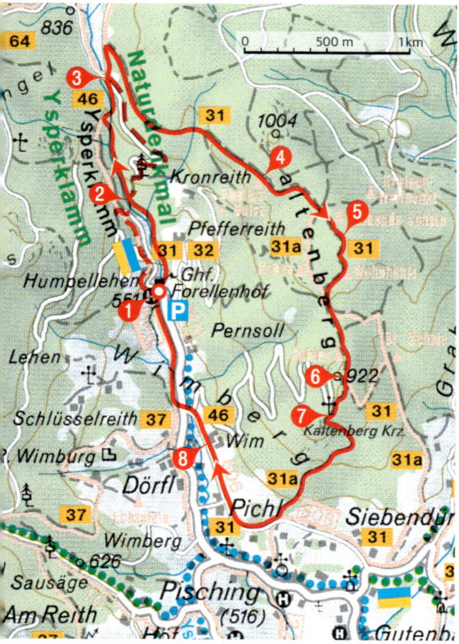

Ausgangspunkt: Ghf. Forellenhof, 551 m, im innersten Yspertal (Bushalt, Parkplatz), 7 km von Ysper.

Anforderungen: Wanderung auf gut abgesicherten Steigen. Trittsicherheit erforderlich! An den oft feuchten Felsen oder Holzstiegen in der Ysperklamm (gebührenpflichtig) ist Vorsicht geboten.

Höhenunterschied: 500 m im An- und Abstieg.

Einkehr: Ghf. Forellenhof (geöffnet April bis Ende Nov., Mi. u. Do. Ruhetag, Mai bis Sept. kein Ruhetag, Tel. +43 7415 7349, forellenhof-ysperklamm.at); alternativ auch Ghf. Peilsteinblick in Stangles, 3 km südlich vom Ausgangspunkt (geöffnet April bis Dez., 25 B., Mo. und Di. Ruhetag, Tel. +43 7415 7258, wirtshausbrennerei.at). Unterwegs keine Einkehr!

Varianten: Wer nur die Ysperklamm besuchen möchte, kehrt vom Ödteich entweder auf dem Anstiegsweg zum Ausgangspunkt zurück oder wandert auf dem Güterweg Nr. 32 hinab zur Roten Reithbrücke, um dann rechtsufrig nach Humpellehen abzusteigen. Zeitaufwand für Abstieg 45 Min.

Vom **Ghf. Forellenhof (1)** den rot bez. Weg 31 bzw. 32 ostwärts über den Ysperbach. Auf gut trassiertem Weg nun rechts von ihm vorerst über Wiesen, dann durch einen mit riesigen Felsblöcken durchsetzten Wald in Nordrichtung aufwärts. In Windungen ansteigend erreicht man auf Holzstegen und Leitern den querenden Karrenweg an der **Roten Reithbrücke (2)**. Nun steiler auf teilweise ausgesetztem und rutschigem Pfad entlang des stäubenden Baches über Brücken und Leitern aufwärts, wobei mehrmals das Ufer gewechselt wird. Nach einem engen Felsdurchlass (Leiter) verflacht sich die Klamm und man erreicht die **Ödteich-Forststraße (3)**, 830 m, am Ende der Schluchtstrecke (hölzerner Notunterstand). Die in Richtung Gutenbrunn führende Straße (Druidenweg Nr. 31) 200 m nach Norden zur Verzweigung. Scharf rechts ab (Pfeil) und auf Karrenweg im Wald sanft bergauf. An der bewaldeten Südwestflanke des Kaltenbergs in Südostrichtung aufwärts zur Felsgruppe **Phallus mit Vulva (4)** – Durchschlupfstein, Schalenstein – am rechten Wegrand. Auf Waldweg links haltend hoch in ein Sekundärtal und auf einen flachen Waldrücken mit dem Felsgebilde »Sitzender Hund«. Links haltend, an der »Stehenden Schale« vorbei, auf den breiten Höhenrücken des **Kaltenbergs**, 970 m, und dort zum **Druidentreffpunkt (5)**, zum **Äußeren und Inneren Steinkreis** sowie zur **Wohnhöhle**. Vom Rücken des Kaltenberges (die höchste Erhebung bleibt nördlich!) über die Südflanke mäßig steil abwärts zu einem von rechts einmündenden Forstweg (Weg 31 und 31a) und auf diesem in Südrichtung weiter zu einer Verzweigung. Auf Weg Nr. 31 im Wald nach rechts hinab in einen Sattel und jenseits steil empor zu der von dichtem Wald umgebenen Felsengruppe »Sphinx« am Beginn des »Heiligen Bezirks« und weiter zum felsigen Gipfel des **Böndel (6)**, 922 m, mit Fernblick bis zu den Alpen. Auf Fußweg im dichten Wald nach Westen, dann über den Südwestrücken des Berges steil hinunter zu einer Verzweigung. Rechts auf Fußweg Nr. 31 (Pfeil »Stichweg zum Kaltenbergkreuz«) über einen Rücken, dann in Kehren abwärts, später nach rechts über einen Felsriegel und hinab zu dem auf einem Felsvorsprung stehenden **Kaltenbergkreuz (7)**, 860 m. Tiefblick ins Yspertal.

Rast am Zustieg zur Ysperklamm.

Auf Weg Nr. 31a zu einem Felsportal und links davon über eine Felsplatte (Geländersicherung) steil abwärts, danach an zwei geneigten Eisenleitern hinunter in den von Granitblöcken durchsetzten Wald. An der steilen Flanke in Ostrichtung abwärts, später nach rechts (Südwesten) hinunter zu einem Karrenweg. Diesen im Wald nun weniger steil bergab, später über Wiesen und Felder zu einer Wegkreuzung vor dem Ort Pisching. Rechts, auf dem teilweise asphaltierten Güterweg Nr. 31, an den Weilern **Pichl** und **Wim (8)** vorbei, nach Humpellehen und wieder zurück zum **Ghf. Forellenhof (1)**.

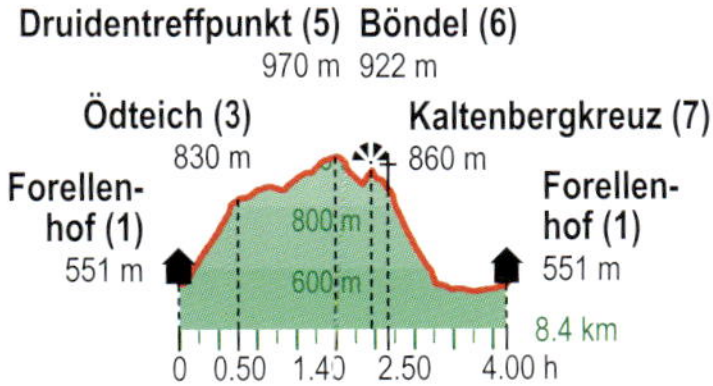

TOP **9**

Waldhausener Ausblickrunde

4.30 Std.

Von Wäldern, Wiesen, Wackelsteinen und Felsburgen

Für Familien mit Kindern ein Muss: die Ausblickrunde von Waldhausen im Strudengau. Eine gut ausgeschilderte Wanderung über saftige Wiesen und durch grüne Wälder, auf den Gipfelkämmen eine Aussichtswarte, Wackelsteine, Höhlen und Felsburgen, wie sie Kinder lieben, und zum Abschluss ein Badeteich, wie man ihn sich nach einer ausgiebigen Tour gerne wünscht. Für die schon etwas Fortgeschritteneren gibt es ein Barockjuwel zu bestaunen, die Stiftskirche von Waldhausen.

Ausgangspunkt: Waldhausen im Strudengau, 470 m, Marktplatz (Parkmöglichkeit, Bushalt).

Anforderungen: Einfache Wanderung auf bequemen, gut markierten Fahr- und Fußwegen. Die gesicherten Aufstiege auf Felsen und Aussichtspunkte kann man bei Bedarf weglassen.

Höhenunterschied: 540 m.

Einkehr: Gasthöfe in Waldhausen. Unterwegs keine Einkehr.

Hinweis: Wer die Runde abkürzen will, kann die Wanderung beim Gehöft Oberwittmesser (7) beenden und mit dem Taxi nach Waldhausen zurückkehren (Taxi Schönhofer, Tel. +43 7268 72044).

Die Stiftskirche von Waldhausen im Strudengau.

Von der Ostseite des Marktplatzes (Wegtafel) in **Waldhausen (1)** einige Stufen hinauf zur gotischen Pfarrkirche, um diese rechts herum und vor dem Friedhofseingang rechts hinab zum Klostersteig, der, gesäumt von uralten Linden, zur Stiftskirche führt. Vorbei am verträumten Nepomukteich, hinauf zum ehemaligen **Chorherrnstift Waldhausen (2)**, 490 m, im Ortsteil Schlossberg. Die Ausblickrunde zweigt vor der Umfassungsmauer scharf rechts ab und führt auf dem Meditationsweg (viele Textsäulen) um das Stiftsgelände herum.
Nördlich des Stiftes rechts hinab zum Badesee und an seinem Ostufer zum nördlichen Seeende. Dort die Querstraße nach rechts (Nordosten) entlang in das Sagauerbachtal, dann auf dem Güterweg **Unterhaas (3)** links ab zu seinem Ende beim **Grabner Kreuz (4)**, 505 m. Nun auf einem Karrenweg in weiter Schleife durch Wald hinauf zum Gehöft Oberpichler und dort rechts haltend (Rückblick zur Stiftskirche!) auf dem Zubringerweg zur Handbergstraße. Auf ihr 250 m nach Süden abwärts, später links ab (Pfeil) und auf ei-

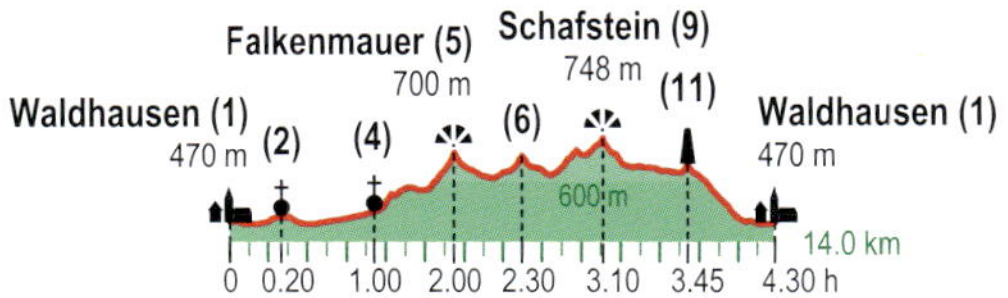

Der imposante Schafstein am höchsten Punkt der Ausblickrunde.

nem Karrenweg, am Hof Falkhäusl vorbei, in Ostrichtung hinauf in den Wald und links haltend weiter an einen felsdurchsetzten Bergrücken. In Südrichtung zu einem Rastplatz am Fuß der Granitburg der Falkenmauer (Bänke, Infotafeln) und dort den Stichweg nach links über gut abgesicherte Leitern empor auf die **Falkenmauer (5)** – der etwas abgesetzte, höhere Gipfelfelsen ist Kletterern vorbehalten! Tiefblick nach Osten in die Talmulde von Rotheau, in das Tal der Kleinen Ysper und zur Burgsteinmauer.

Zurück zum Rastplatz und dort auf Karrenweg im Wald nach Süden hinab in einen Sattel mit querender Forststraße. Auf dieser links haltend zur Weggabelung beim Hof Geretsberg. Geradeaus weiter, wobei Linksabzweigungen unberücksichtigt bleiben. Durch den von mächtigen Granitblöcken durchsetzten Wald leicht bergauf zum Verzweigungspunkt am Ende des Höhenrückens. Dort rechts ab und auf Fußweg kurz nach Norden hoch zum Naturdenkmal **Schwingender Stein** (Bank, Leiter) und zu den **Opferschalen (6)**, 690 m. Der »Schwingende Stein« kann mit etwas Kraftanstrengung bewegt werden! Zurück zum Verzweigungspunkt und dort durch Wald und über Wiesen nach Westen hinab zum **Hof Oberwittmesser (7)**, 630 m, mit dem querenden Güterweg »Handberg« (Tafel). Diesen wenige Meter nach links, dann rechts ab und auf Fahrweg (rot sowie blau-weiß-grün markiert) zu einer Wegteilung im Wald. An Felsblöcken vorbei nach rechts hinauf in einen Sattel mit Verzweigung. Hier den Stichweg nach rechts empor zur **Einsiedlerhöhle (8)** am Steinberg, die einst einem Eremiten als Behausung diente (Tisch, Bank). Zurück in den Sattel und jenseits im Wald nach Südosten hinauf zum riesigen **Schafstein (9)**, 748 m, am Gipfel einer Waldkuppe. Aufstieg auf den Felsen mittels einer gut gesicherten Leiter. Rundumblick!

Vom Schafstein auf Karrenweg in Windungen nach Süden hinab an den Rand großer Wiesen (Bank, herrlicher Blick zur Alpenkette im Süden!). An der folgenden Rechtskehre nicht den Karrenweg in Westrichtung weiter bergab, sondern vor einem Gatter links ab und auf bez. Steig im Wald steil hinunter zu einem querendem Güterweg. Auf diesem durch Wald und über

Wiesen eben nach rechts zum Hof Handberger und dort zu einem Marterl an einer Asphaltstraße. Die Straße 400 m nach rechts zu einer **Kreuzung (10)** und dort links hinab in eine Wiesenmulde zum Straßenende beim Hof Kronreithner. Auf Naturstraße nach links zum Waldrand und dort rechts hinauf in einen Sattel mit Verzweigung. Rechts über eine Wiese, dann im Wald nach Nordwesten empor auf einen Felsrücken mit der 13 m hohen stählernen **Aussichtswarte (11)**, 662 m, und dem Heimkehrerkreuz an der Turmspitze. Zurück in den Sattel und einen Güterweg kurz nach rechts, dann nochmals rechts ab und am unteren Rand einer Wiese nach Westen in den Wald. Dort auf Karrenweg bergab, später scharf nach links hinab zu einem Querweg. Diesen in Südrichtung durch Wald, dann über Wiesen zum **Blechnerhof (12)**. Auf Güterweg nach Westen hinab zu einer Asphaltstraße und diese links haltend zu einem **Bildstock (13)** mit Bank. Rechts ab und auf Feldweg über einen Hügel hinweg zur Landstraße. Auf ihr rechts zurück nach **Waldhausen (1)**.

Blick von der Aussichtswarte in die Wanderarena von Waldhausen.

10 Toberspitz, 734 m, und Predigtstuhl, 520 m

3.45 Std.

Auf der Wiesenterrasse von Nöchling, hoch über dem Donautal

Wiesen, darin eingestreute Waldflecken, Granitsteine und einsam gelegene Bauerngehöfte prägen das Landschaftsbild um den Erholungsort Nöchling. Dieses Landschaftsidyll wird überragt vom felsigen Toberspitz, dem südöstlichen Eckpfeiler der Hochmauer, der von Nöchling aus gar nicht »spitz« aussieht. Aber auch Spektakuläres wird auf unserer Wanderung an der Landesgrenze zwischen Nieder- und Oberösterreich geboten, denn der Tiefblick von der luftigen Felskanzel des Predigtstuhl in das Donautal, 300 m uns zu Füßen, entschädigt für manche Mühe.

Ausgangspunkt: Nöchling, 538 m, Kirchplatz (Bushalt, Parkplatz).
Anforderungen: Einfache Wanderung auf bequemen Fahr- und Fußwegen, ideal im Frühling und Herbst.
Höhenunterschied: 430 m im An- und Abstieg.
Einkehr: Restaurant in der Freizeitanlage von Nöchling, geöffnet 1.5. bis 15.9. ab 10 Uhr, kein Ruhetag, Tel. +43 7414 70048. Unterwegs keine Einkehr.
Variante: Wer auf eine Besteigung des Predigtstuhl verzichtet, kann von der Kehre nach dem Einsiedlerstein auf einer Forststraße direkt zurück nach Nöchling wandern (Zeitersparnis 1.15 Std.).

Auf der Wiesenterrasse von Nöchling, im Hintergrund die Alpenkette.

Vom Kirchplatz in **Nöchling (1)** durch eine schmale Gasse (Pfeil »Toberspitzweg 04«) nach Norden hinab in eine Wiesenmulde und dort, an Teichen vorbei, entlang einer Häuserzeile aufwärts zur Querstraße. Diese nach links zum Sportplatz an der Landesstraße und auf ihr rechts haltend, nordwärts, zu einer Rechtskurve. Hier auf dem Güterweg gerade fort in den Wald. Dort an der Südwestflanke des Eichbergs entlang, später über Wiesen zur Rechtsabzweigung des »Öhlmühlenwegs 04« (Marterl) und geradeaus zur **Kreuzung (2)** mehrerer Güterwege. Geradeaus (nordwärts) durch Wiesen (Alpenblick, vor uns die Waldkuppe des Toberspitz) sanft bergauf und nach einem kurzen Waldstück zum stattlichen **Hof Tober (3)**. Hinter dem Hof auf Karrenweg in einem Linksbogen aufwärts in den Wald und dort eben nach Südwesten zu einer Verzweigung. Rechts auf Fußweg durch Buschwald (Felsblöcke) in Kehren empor in einen Sattel mit Weggabelung. Links (Pfeil) durch Sträucher, zuletzt zwischen großen Felsen hindurch auf den Gipfel des **Toberspitz (4)**, 734 m (Bank, künstlerisch geschmiedetes Gipfelkreuz, eingeschränkte Rundsicht).

Am Gipfel des Toberspitz.

Zurück in den Sattel und links durch Wald hinab zu querender Forststraße (Pfeil zum Einsiedlerstein). Die Straße nach links (Südwesten), später in westlicher Richtung durch die von der Hochmauer herabziehenden Wälder zu einer Linkskehre mit Forststraßenkreuzung. Vom Scheitel der Kehre auf Stichweg rechts ab zum nahen **Einsiedlerstein (5)**, 636 m, der über eine 8 m hohe Eisenleiter leicht bestiegen werden kann (Opferschalen am Gipfel).

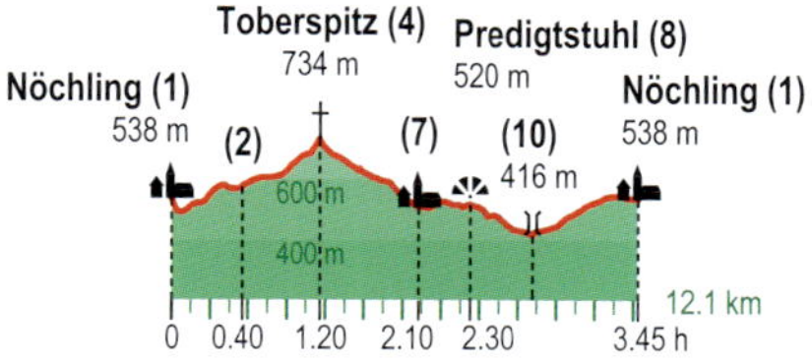

Zurück zur Kreuzung und dort die Forststraße vorerst in Ost-, dann in Südrichtung sanft abwärts zu einer Kehre (Linksabzweigung des direkten Weges nach Nöchling, Variante). Die Kehre ausgehend (Weg 03) nach Westen

hinab zu einer Verzweigung. Hier links, dann gleich wieder rechts ab zu einer Schranke mit **Marterl (6)** dahinter. Nun auf Karrenweg in einem Linksbogen steiler bergab nach **Gloxwald (7)**, 510 m, und dort zum Verzweigungspunkt bei der Dorfkapelle. Den asphaltierten Güterweg in Südrichtung aus dem Ort, nach einem Waldstück westwärts zu einem Gehöft, danach zur Linksabzweigung des Stichweges zum Predigtstuhl. Diesen hinab in einen Wiesensattel und jenseits empor zur Aussichtskanzel **Predigtstuhl (8)**, 520 m. Donautalblick! Über den Kamm kurz nach Nordwesten weiter zum Panoramapunkt »Felsenreiter« (Klettergarten) mit freier Schau in das Donautal und auf den Schlosskogel gegenüber.
Den begangenen Weg, oder besser am Waldrand entlang, zurück in den Wiesensattel. Dort geradeaus auf grün-blau bezeichnetem Weg im Wald steil hinab in einen Graben. Links aus ihm heraus zu einem Güterweg und auf diesem zum **Hof Bauerngruber (9)**. Links an ihm vorbei, danach einen Karrenweg sanft nach Osten hinunter in das Weidenbachtal. Vor einem Gehöft rechts hinab zum Bach, der auf einem **Holzsteg (10)** überquert wird. Jenseits in zwei Kehren empor zu einer Naturstraße und diese mit dem Weitwanderweg Nibelungengau nach Süden aufwärts zu einer **Asphaltstraße (11)**. Auf ihr durch die Streusiedlung Baumgartenberg nach links hinauf zu einer Kreuzung. Die Straße rechts haltend ostwärts, über einen Sattel hinweg zu einem Bildstock (Ötscherblick!) und in den Ort **Nöchling (1)** zurück zum Kirchplatz.

Blick vom Predigtstuhl ins Donautal.

11 Hirschenstein, 870 m, und Gutenbrunner Panoramaweg

3.15 Std.

Zu einem kreuzgeschmückten Luginsland über dem Yspertal

Natürlich kann man den Hirschenstein auch von Süden her angehen, was seiner Rolle als vortrefflicher Orientierungspunkt über dem Yspertal eher gerecht wird. Doch bekannt wurde der Felsgipfel durch den »Panoramaweg« vom Waldviertler Langlaufzentrum und Erholungsort Gutenbrunn her.

Ausgangspunkt: Gutenbrunn, 858 m (Gasthof, Parkplätze; Halt der Buslinie 1460 Melk–Pöggstall–Gutenbrunn, nur Mo. bis Fr.).
Anforderungen: Einfache Wanderung auf beschilderten Fahr- und Fußwegen.
Höhenunterschied: 260 m im An- und Abstieg.
Einkehr: Gasthof »Marschall Stuben« (22 B., Do./Fr. Ruhetag, Tel. +43 2874 6294, marschallstuben.at), Gasthaus und Fleischhauerei Walter Fürst (geöffnet Mo., Di., Mi. und Fr. 7–12 Uhr und 15–18 Uhr, Do. und Sa. 7–12 Uhr; Tel. +43 2874 62470, walter-fuerst.at), beide in Gutenbrunn. Ghf. Ballwein in Ulrichschlag (Mi. und Do. ab 16 Uhr, Fr. ab 11.30 Uhr, Sa. ab 9 Uhr geöffnet, So., Mo. und Di. Ruhetag, Tel. +43 664 2848418.,gasthaus-ballwein.at).
Hinweis: Vorsicht mit Kindern am Felsgipfel des Hirschensteins (Absturzgefahr!).

Von **Gutenbrunn (1)** die Straße nach Bärnkopf in Südrichtung aufwärts zu einer Rechtskurve und gleich danach zur Linksabzweigung einer gelb bez. Asphaltstraße beim Haus Nr. 96. Die Straße mit Weg Nr. 41, 45 und 46 nach Süden empor zum Sportplatz und zur Mülldeponie, danach in den Wald und dort auf Naturfahrweg zur Autostraße Gutenbrunn–Ulrichschlag. Auf ihr 250 m geradeaus, dann rechts ab und auf gelb bez. Forststraße südwärts auf und ab zu einer Gabelung. Links haltend weiter bergab und über das **Schwarzbachl (2)**, danach wieder aufwärts zu dreifacher Verzweigung. Die gelb bez. Straße (Weg Nr. 41, 45 und 53) rechts haltend nach Süden bergab zur Waldwiese beim **Oedhof,** 860 m. Am Wiesenrand kurz hinab zu einer Verzweigung und nach rechts in den Wald. Dort auf bez. Karrenweg nach Südwesten aufwärts, später,

Das Gipfelkreuz am Hirschenstein.

einem licht bewaldeten Rücken folgend, auf den Felsgipfel des **Hirschensteins (3)**, 870 m, am südlichen Abbruchrand des Weinsberg-Plateaus gegen das Yspertal. Herrliche Schau zur Pyramide des Ostrong, dahinter die Voralpen mit dem Ötscher.

Zurück zur »dreifachen Verzweigung« nach dem **Oedhof.** Geradeaus die bez. Forststraße (Weg Nr. 41, 45 und 53) nach 50 m zu einer Teilung. Rechts haltend auf Straße in weiter Linksschleife um den bewaldeten P. 963 m herum, danach in Nordrichtung aufwärts zu querender Forststraße, 950 m. Diese mit Weg Nr. 41 und 53 nach rechts (Osten) abwärts zu Verzweigung bei Rechtskurve. Den begrünten Karrenweg geradeaus, an einer Wildfütterung vorbei, im Wald eben fort, später hinaus zu den Wiesen um Ulrichschlag (Alpenblick!) und über diese entlang einer Strauchzeile abwärts und eben, später auf Feldweg zu den in einer Mulde gelegenen Häusern von **Ulrichschlag**, 858 m. Die Ortsstraße hinab zum **Ghf. Ballwein (4)** am südlichen Ortsrand. Die Ortsstraße wieder nach Norden hoch, dann auf der Straße nach Gutenbrunn zu einer Verzweigung. Rechts ab und auf gelb bez. Fußweg (»**Kirchensteig**«, Weg Nr. 41), am Waldrand entlang, 150 m nach Nordosten abwärts und nach links in den Wald. Dort nordwestwärts vorerst eben, dann aufwärts wieder zur Asphaltstraße Ulrichschlag–Gutenbrunn (Holzkreuz). Auf dem rechts abzweigenden Fahrweg Nr. 41 nordwärts bergauf zu einem Bildstock, danach bei leichtem Gefälle, mehrere Wege kreuzend, zu querender Forststraße. Auf dieser rechts haltend nach Norden, schließlich links hinab zurück nach **Gutenbrunn (1)**.

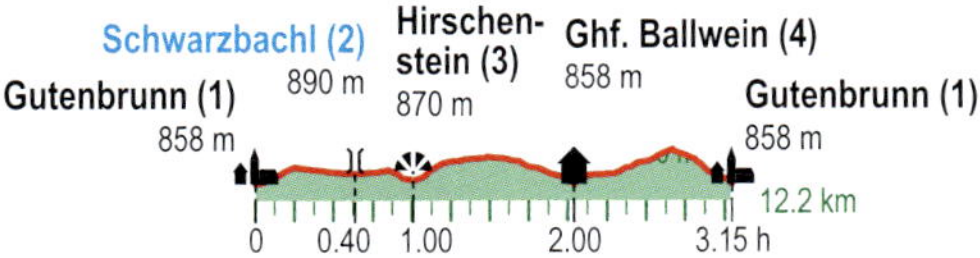

12 Edlesberger Runde

3.30 Std.

Nordische Landschaftseindrücke im Weinsberger Wald

Der Weinsberger Wald gehört zu den größten zusammenhängenden Forsten Ostösterreichs. Ein besonderes Juwel ist der auch mit dem Auto erreichbare, von dichten Wäldern gesäumte Edlesberger Teich bei Gutenbrunn.

Ausgangspunkt: Gutenbrunn, 858 m (Gasthof, Parkplätze; Halt der Buslinie 1460 Melk–Pöggstall–Gutenbrunn, nur Mo. bis Fr.).
Anforderungen: Einfache Wanderung auf meist unbez., aber beschilderten Fahr- und Fußwegen.
Höhenunterschied: 250 m.
Einkehr: Gasthof »Marschall Stuben« (22 B., Do/Fr. Ruhetag, Tel. +43 2874 6294, marschallstuben.at), Gasthaus und Fleischhauerei Walter Fürst (geöffnet Mo., Di., Mi. und Fr. 7–12 Uhr und 15–18 Uhr, Do. und Sa. 7–12 Uhr; Tel. +43 2874 62470, walter-fuerst.at), beide in Gutenbrunn. Pension-Restaurant Seewolf (geschlossen).
Hinweise: An den Felsgruppen ist mit Kindern Vorsicht geboten. Im Edlesberger Teich besteht Bademöglichkeit.

Aus dem Ortszentrum von **Gutenbrunn (1)** die rot bez. Asphaltstraße mit Weg Nr. 606 westwärts über den Schwemmbach zu einer Verzweigung. Auf bez. Fußweg rechts haltend, nordwärts, zu einem Wendeplatz, danach im Wald nach links hinauf zu einem Fahrweg bei Marienbild am Baum. Diesen nach rechts (Nordwesten) zu den Edlesberger Wiesen und über sie eben zu querender Asphaltstraße (Schnitzkreuz), auf der man in Nordrichtung **Edlesberg (2)**, 864 m, erreicht. Dort nach links zum Ghf. Trondl, danach auf Naturstraße nordwestwärts über Felder zu einer Anhöhe mit Teilung.

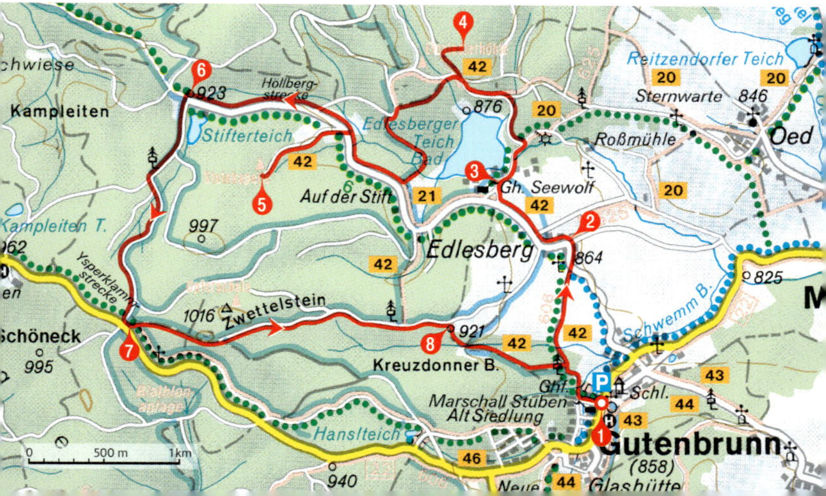

Herbststimmung am Edlesberger Teich.

Rechts haltend zum ehemaligen **Gasthof Seewolf (3)** am Ostufer des **Edlesberger Teichs**, 876 m. Auf Naturstraße am Ostufer weiter zu einer Teilung. Links den unbez. Fahrweg am Ufer entlang, dann abseits des Sees eben fort und nach links (Westen) zu einer Lichtung am Südfuß des Kleinen Höllberges. Rechts ab und auf unbez. Fahrweg nach Nordwesten hoch zu einer Verzweigung. Rechts auf Steig im Wald steil nach Nordosten aufwärts in einen Sattel und über eine Holzstiege 4 m nach rechts empor auf den »**Turm**« **(4)**, 940 m, Aussichtskanzel.

Zurück zum Hauptweg und diesen rechts haltend nach Südwesten, später über eine Wiese zur Forststraße bei den Höfen »Auf der Stift«. Die Straße rechts haltend in den Wald und dort nordwestwärts zu einer Lichtung mit Verzweigung (890 m, Bank). Links den unbez. Fahrweg nach Südwesten empor zu Linkskurve (Wendeplatz, Bank). Rechts ab und auf Karrenweg im Wald steil nach Süden hoch zur »**Steinkapelle**« **(5)**, 930 m.

Zurück zum Hauptweg (890 m) und diesen links haltend über eine Anhöhe zum **Stifterteich (6)**, 923 m. An seinem Nordufer weiter zu großer Wiese mit Verzweigung. Links die unbez. Forststraße südwärts in den Wald zu einer Teilung. Rechts haltend zu einer Anhöhe mit Verzweigung danach. Links die Straße nach Süden aufwärts zur nächsten Teilung und rechts haltend bald zur **Drei-König-Wegscheid (7)** an der Straße Bärnkopf–Gutenbrunn. Noch vor ihr auf Karrenweg nach links zu einer Teilung und links haltend zur Anhöhe südlich des Zwettlsteines. Jenseits im Wald abwärts, später auf Asphaltstraße zur **Edlesberger Höhe (8)**, 921 m, mit freier Schau. Am Waldrand 200 m weglos nach rechts (Süden) hinab zu einem Fahrweg und diesen rechts haltend in einen Graben. Bei Verzweigung nach links (Osten) abwärts an einen Waldrücken. Dort links ab und auf markiertem Fußweg zum rot bez. Querweg Nr. 606 und auf bekannter Route nach **Gutenbrunn (1)**.

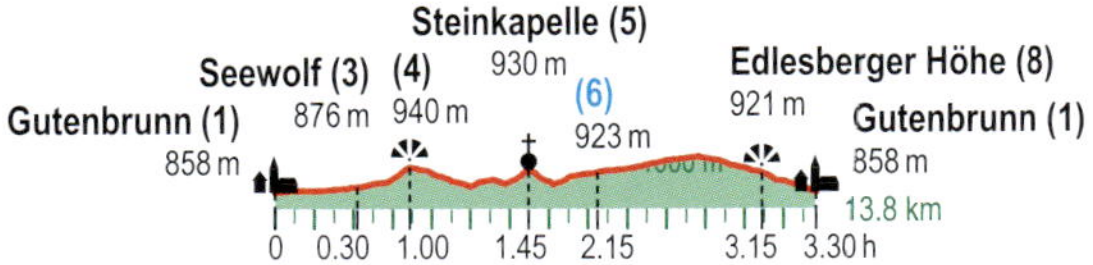

13 Rund um Gars

3.15 Std.

Auf den Spuren der Babenberger

Franz von Suppé, Heimitto von Doderer und später Friedensreich Hundertwasser, Johann Hölzl (alias Falco) und Willi Dungl haben den Charme des Kamptales und im Besonderen die Sommerfrische Gars zu schätzen gewusst. Und auch die Umgebung des Ortes mit zahlreichen Ruinen und Burgen – Gars war zur Zeit der Babenberger die Hauptstadt Österreichs – bietet sich als interessantes Wander- und Ausflugsgebiet an.

Ausgangspunkt: Gars a. Kamp, 256 m, Dreifaltigkeitsplatz im Zentrum (Bushalt, Bahnhalt in Thunau, Parkplätze).
Anforderungen: Leichte Wanderung auf bez. Wegen und Straßen.
Höhenunterschied: 300 m im An- und Abstieg.

Einkehr: Gasthöfe in Gars. Unterwegs keine Einkehr!
Hinweis: Wer die Ausgrabungen am Schanzberg nicht besuchen möchte, kann von der Holzwiese über den Wurzelsteig in Nordrichtung direkt nach Thunau absteigen. Zeitersparnis 45 Min.

Vom Dreifaltigkeitsplatz in **Gars (1)** die Reinharterstraße zur Kremserstraße (B 34) und nach rechts zur Linksabzweigung der Wozniczakgasse. Diese aufwärts zur Waldpension und durch Wald auf blau bez. Promenadenweg in Kehren hoch, später rechts entlang einer steil abfallenden Waldflanke zur Aussichtsplattform der **Hamerlingwarte (2)**, 343 m, mit Tiefblick auf Gars.

Schloss Buchberg südlich von Gars am Kamp.

Den Waldkamm nach Südwesten abwärts zu den ersten Häusern von **Zitternberg**. Dort links ab und entlang der ansteigenden Dorfstraße zur kleinen **Kapelle (3)**. Auf rot bez. Straße kurz nach rechts (Südwesten) zu einer Verzweigung. Den Waldweg nach links (Süden) kurz bergan, dann hinunter zur Kamptalstraße und weiter zur Kampbrücke. Über diese westwärts in den Weiler **Buchberg (4)** mit dem mittelalterlichen Schloss. Die Dorfstraße rechts haltend aufwärts, dann rechts ab und auf Fußweg in Nordrichtung zu den Resten der über dem Kamp thronenden **Ruine Klösterl (5)**. Den Karrenweg hinab in die Talsohle und dort entlang der Bahntrasse zur Mündung des Steinbachgrabens (Gehöft). Den Graben auf breitem Weg nach links (Westen) aufwärts zu Verzweigung. Rechts auf blau bez. Steig durch Wald empor in einen Sattel und dort nach rechts zu den Mauerresten der **Ruine Schimmelsprung (6)**, 350 m, mit Tiefblick in das Kamptal.

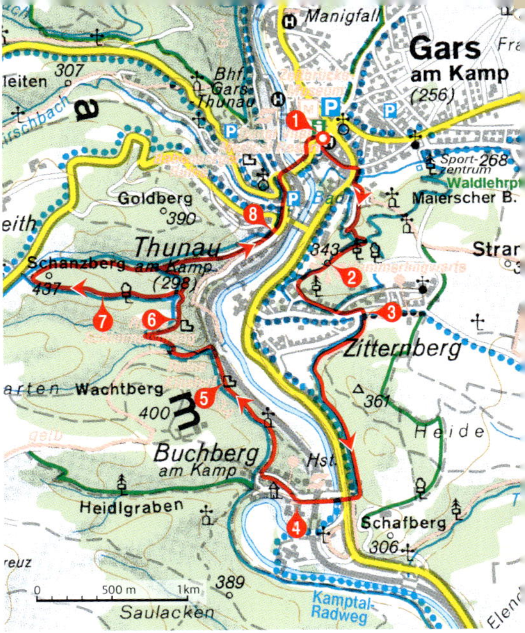

Vom erwähnten Sattel auf Steig nach Norden aufwärts zur ausgedehnten Holzwiese (Bänke, Informationstafel). Auf dem nach Westen führenden Karrenweg sanft aufwärts zu den Ausgrabungen am **Schanzberg (7)** und dort, an uralter Kirchenruine (um 900), einem Gräberfeld und an großer Wallanlage vorbei zum mächtigen Südtor (415 m, Schautafeln). Kurz bevor man die Landesstraße erreicht auf rot bez. Karrenweg durch einen Waldgraben scharf nach rechts (Osten) und hinunter zur Einmündung des direkten Weges von der Holzwiese herab und geradeaus weiter zu den Häusern von **Thunau (8)**. Durch den Ort nordwärts zur Kampbrücke am Fuß der Babenbergerburg und über diese zurück nach **Gars (1)**.

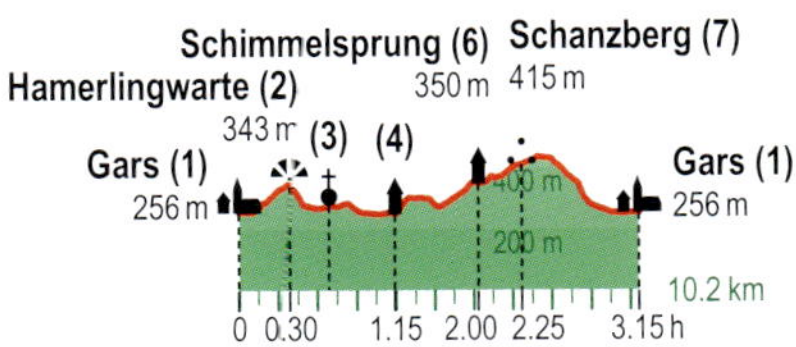

TOP 14 Von Rosenburg nach Steinegg

5.30 Std.

Natur pur am mittleren Kamp

Diese klassische Kamptalwanderung führt in einen noch unberührten Winkel des Waldviertels, trotz des kleinen Wasserkraftwerkes am Umlaufberg, das als historisches Monument des beginnenden Industriezeitalters eine Sehenswürdigkeit für sich darstellt. Bei den zur Verfügung stehenden Ausgangspunkten fällt einem die Wahl schwer, ist es doch möglich, sowohl vom Renaissanceschloss Rosenburg als auch von der Benediktinerabtei Altenburg in die Kampschluchten einzutauchen.

Ausgangspunkt: Rosenburg am Kamp, 263 m, Bahnhof (Bus- und Bahnhalt, Parkplatz).
Anforderungen: Unschwierige, aber lange Wanderung auf gut bez. Wegen.
Höhenunterschied: 510 m.
Einkehr: Gasthof Mann in Rosenburg (28 B., Mo./Di. Ruhetag, Tel. +43 2982 2915, hotelmann.at); Schlossgasthof Rosenburg (18 B., geöffnet Anf. Juni bis Ende Okt., Di. Ruhetag, Tel. +43 676 7777118, rosenburg.at).
Variante: Vom Parkplatz des Stiftes Altenburg auf gelb bez. Steig Nr. 06 hinab zum Kamp und weiter zur Rauscher-Mühle (8). Dort auf Brücke über den Kamp zum alten Krafthaus am Umlaufberg (3). Nach dem Aufstieg von Steinegg zur Hochfläche »In der Sulz« (6), dort einen rot bez. Weg gerade weiter und hinab zum Jagdhaus am Försterbach. Auf Forststraße zurück zum Stift Altenburg. Zeitersparnis 1.30 Std.

Vom **Bhf. Rosenburg (1)** entlang der Straße zur Taffabrücke und weiter zur Fußgängerbrücke über den Kamp. Jenseits auf rot bez. Steig nach Westen hinauf zur Graselhöhle und weiter zum Renaissanceschloss **Rosenburg (2)**, 354 m. Über den Parkplatz nach Nordwesten abwärts zu einem Erlebnispark (geöffnet Ende März bis Anf. Nov. an Wochenenden, im Juli/Aug. tägl.). Weiter auf Karrenweg sanft abwärts (rote Zeichen), später nach rechts bis vor die Zufahrtsstraße. Bevor man sie erreicht, links ab und hoch über dem Kamp stromaufwärts, zuletzt auf schmalem Steig zum **Krafthaus (3)** aus dem Jahr 1907.

Am Gebäude vorbei, danach links hoch in den Sattel am Hals des Umlaufberges (rechts führt ein unbez. Weg zum Öden Schloss). Vom Sattel auf bez. Steig an der Waldflanke entlang nach Süden in den Elendgraben (Rechtsabzweigung zum Klettergarten am Hängenden Stein, einem markanten Fels-

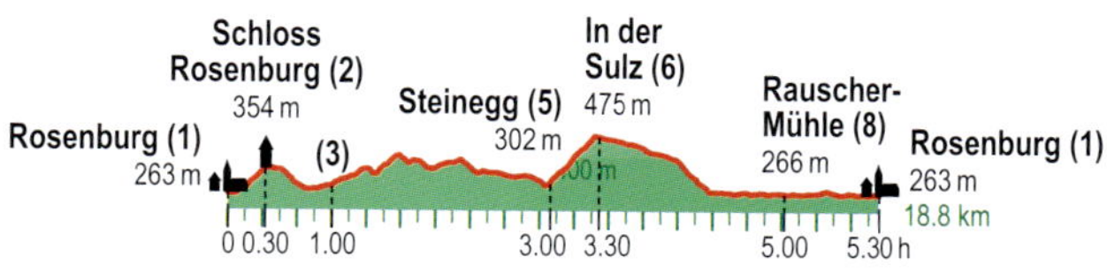

turm hoch über dem Kamp). Durch den Graben nach Süden steil aufwärts und wieder zurück ins Kamptal. Dort hoch über dem Fluss durch die Flanken der Bründlleiten westwärts zu einer Forststraße (Blick auf Stift Altenburg!) und diese an der Waldflanke des Kotbachgrabens nach Süden hinauf zu einer **Verzweigung (4)** nordwestlich von Wanzenau. Scharf rechts ab und etwas unübersichtlich in westlicher Richtung hinab zum Kotbach. Über diesen und weiter durch Wald und Wiesen zur Kampbrücke. Rechts über die Kampbrücke in den kleinen Ort **Steinegg (5)**, 302 m.

Etwa 80 m nach der Brücke, gegenüber dem ehemaligen Gasthof, den rot bez. Pilgerweg Nr. 606, 620 und 658 im lichten Wald nach Nordosten hinauf zum Rand der Hochfläche **»In der Sulz« (6)**, 475 m, mit Wegkreuzung. Die Forststraße mit Weg Nr. 620 im Wald eben nach Osten, dann südostwärts über einen Rücken hinab zu einer **Wegteilung (7)**, rechts in 15 Min. zum »Öden Schloss«. Auf Karrenweg nach Norden hinab zum Kamp. Dort auf Steig am linken Flussufer im Rechtsbogen um den Umlaufberg herum, über den Försterbach und an der ehem. Tiergartenmauer des Stiftes Altenburg entlang zur **Rauscher-Mühle (8)**, 266 m. Auf der Asphaltstraße zurück nach **Rosenburg (1)**.

Die stolze Rosenburg über dem Kamp.

15 Um die Burg Rastenberg

3.30 Std.

Genussreiche Wanderstunden an den Ufern des Purzelkamps

Für die hier vorgestellte Runde sind offene Augen für die Schönheiten eines waldreichen Flusstales vonnöten, das wir von Rastenfeld bis zur Bruckmühle durchwandern, vorbei an der stolzen Burg Rastenberg.

Ausgangspunkt: Rastenfeld, 579 m, Marktplatz (Bushalt der Linie 170 Krems–Gmünd, Parkplätze).
Anforderungen: Einfache Wanderung auf meist bez. Fahr- und Fußwegen.
Höhenunterschied: 240 m.
Einkehr: Ghf. Rucker »Zum guten Tropfen« in Rastenberg (5 B., ganzj. geöffnet, Di. Ruhetag, Tel. +43 2826 227); Ghf. Zeller (nur Getränke, Mo. Ruhetag, Tel. +43 2826 21119) in Marbach im Felde. Mehrere Gaststätten in Rastenfeld.
Hinweis: Die auf einem steilen bewaldeten Felssporn über dem Purzelkamp gelegene Burg Rastenberg (12. Jh.) gilt als bedeutendes romanisches Baudenkmal (Privatbesitz, keine Besichtigung möglich).

Vom Marktplatz in **Rastenfeld (1)** die rot bez. Straße mit Weg Nr. 1 und 665 etwa 100 m nach Westen zu einer Teilung. Geradeaus die Asphaltstraße durch den Ort abwärts, später über Felder zu allein stehendem Baum (Sitzgarnitur). Links auf begrüntem Fahrweg einen Waldgraben hinunter in das Tal des **Purzelkamps (2)**, 498 m. Vor der Brücke links ab und den bez. Fahrweg »Mühlsteig« mit Nr. 1, 80a (»Natur-Energie-Kraft-Weg«) und 665 am Bachufer südwärts im Wald zur **Schöpfermühle (3)** und dort zur Asphaltstraße. Auf ihr einen Seitengraben nach Osten aufwärts zur Brücke nach links über den Bach. Scharf rechts ab und auf bez. Forststraße (»Burgsteig«) über dem Tal des Purzelkamp zu einer Anhöhe und jenseits wieder hinab zum Purzelkamp. Links von ihm auf Fahrweg im Wald eben nach Süden zur Naturstraße (verfallenes Haus) am Fuß der Burg Rastenberg und diese nach rechts zur Durchzugsstraße. Auf ihr rechts haltend über den Purzelkamp, danach links ab und auf bez. Naturstraße (Weg Nr. 81 und 665) südwärts,

Am Eingang in die Burg Rastenberg.

später über eine Holzbrücke zur **Hofmühle (4)**, 530 m. Blick zur Burg Rastenberg!

Auf bez. Fahrweg (Nr. 81 und 665) das Tal des Purzelkamp links vom Bach durch Wald und über Wiesen eben nach Süden zur Verzweigung (Holzbrücke) bei der ehem. **Bruckmühle (5)**, 546 m. Auf Forststraße (Weg Nr. 3 und 81) scharf nach links hoch zu Rechtskehre, dort links auf Waldfahrweg nach Osten bergauf zur nächsten Teilung. Geradeaus den Fahrweg einen Waldgraben hoch zu freien Wiesen. Über diese nach Osten zu querender Naturstraße (615 m; kleine Kapelle) und auf ihr geradeaus hinab nach **Marbach im Felde (6)**, 603 m. Zurück zur »kleinen Kapelle« und dort rechts haltend, weiterhin der Straße (nicht markiert!) folgend, nordwestwärts über die Felder von »Hochreut« aufwärts zu einer Anhöhe, dann zu einer Teilung (keine Tafel!). Halb rechts (!) die unbez. Naturstraße gegen den Enzgraben in den Wald und dort an der linken Seite des Grabens nordwestwärts zur Verzweigung mehrerer Waldwege. Rechts auf rot bez. Waldfahrweg in Nordwestrichtung, eine Forststraße kreuzend, abwärts zu querender Naturstraße vor einer Wiese mit Obstbäumen. Auf ihr links haltend, an einem Bildstock vorbei, durch eine Lärchen-Allee eben zum Meierhof und weiter zur Straßenverzweigung vor der **Burg Rastenberg (7)**. Die Zufahrtsstraße nach rechts (Osten) in den Enzgraben mit dem Ort Rastenberg und dort zur Durchzugsstraße (links zum Ghf. Rucker). Die Straße 20 m nach rechts zu einer Kapelle, dort links ab und auf Asphaltstraße hinauf zur Teilung beim Marterl. Links den Naturfahrweg Nr. 1 in Nordrichtung eben fort, später hinab in einen Graben mit querender Asphaltstraße und diese empor nach **Rastenfeld (1)**.

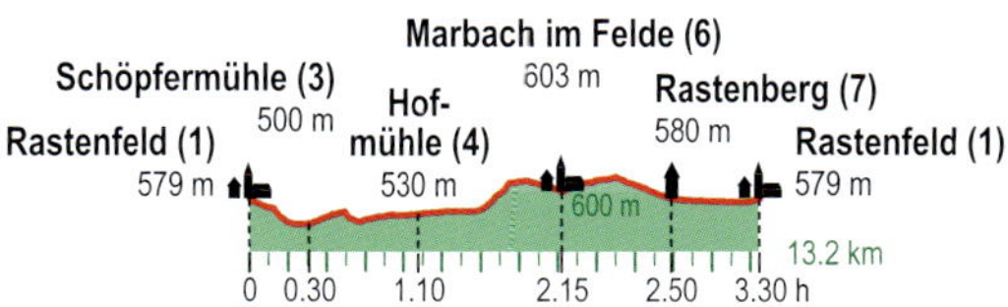

TOP **16**

Ottensteiner Stausee: Süduferweg

4.00 Std.

Ansprechende Runde mit nordeuropäischem Ambiente

Von Wasserratten jeden Alters geschätzt, vermag der Ottensteiner Stausee im Herzen des Waldviertels auch Wanderern einiges zu bieten. Wer's nicht glaubt, begehe den in eine weite Runde eingeflochtenen Süduferweg. Er startet und endet am Hauptplatz von Rastenfeld, und folgt auf acht Kilometern Länge dem gegliederten Ufer, wobei mehrere Halbinseln umwandert, ins Land schauende Buchten ausgegangen werden. Neben den Ausblicken auf die nordeuropäisch anmutende Seenlandschaft fungieren als visuelle Highlights Ruine Lichtenfels und das stolze Schloss Ottenstein (keine Besichtigung!).

Ausgangspunkt: Rastenfeld, 579 m, Floriani-Denkmal am großen Marktplatz (Bushalt der Linie 170 Krems–Gmünd, Parkplätze).

Anforderungen: Einfache, aber ziemlich lange Wanderung auf meist gut bez. und beschilderten Fahrwegen.

Höhenunterschied: 220 m im An- und Abstieg.

Einkehr: Seerestaurant Ottenstein im Infozentrum Region Kampseen (je nach Wetter von 1. Mai bis 1./10. Okt. tagsüber geöffnet, Tel. +43 2826 267). Hotel-Restaurant Ottenstein (120 B., ganzj. geöffnet, kein Ruhetag, Tel. +43 2826 251, hotelottenstein.at). Mehrere Gaststätten in Rastenfeld.

Tipp: Im Infozentrum Region Kampseen von Mai bis September Verleih von Elektro-, Ruder-, und Tretbooten, Kanadier, Surfbikes. Außerdem Schiffsrundfahrten auf der MS Ottenstein. Tel. +43 2826 267, hotelottenstein.at.

Stille Ufer an der Mündung des Purzelkamp in den Ottensteiner Stausee.

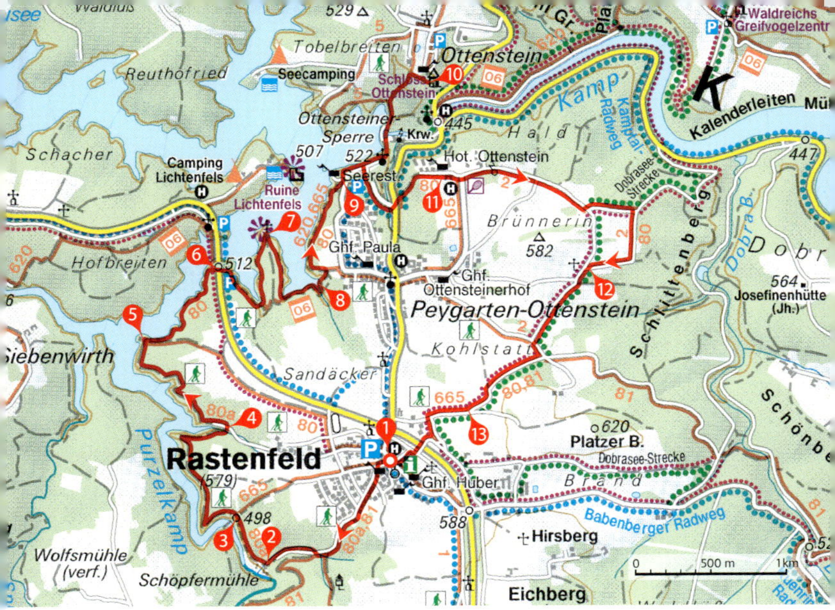

Vom Marktplatz in **Rastenfeld (1)**, zwischen den Häusern Nr. 49 und 50 startend, die Gasse mit Weg Nr. 80a (»Natur-Energie-Kraft-Weg«) und 81 (»Geschichte und Schafweidestreit«) 50 m nach Westen zur Gabelung bei einem Bildstock. Links haltend abwärts und aus dem Ort, danach durch einen Waldgraben zu einer Verzweigung. Geradeaus die rot bezeichnete Asphaltstraße durch den Graben weiter in das quer laufende Tal des Purzelkamp, das beim Gebäude der alten **Schöpfermühle (2)**, 500 m, erreicht wird. Rechts den rot bezeichneten Fahrweg Nr. 80a und 665 (»Mühlsteig«) neben dem Purzelkamp durch Wald und Buschwerk eben nach Norden zur Rechtsabzweigung von Weg Nr. 665 an der **Kampbrücke (3)**, 498 m. Geradeaus den Fahrweg mit Nr. 57d (»Vabindaweg«) und 80a am rechten Ufer des hier bereits rückgestauten Kamp, an Felsbildungen vorbei, vorerst in West-, dann in Nordrichtung weiter, schließlich nach rechts in die enge **Rueßbucht (4)**, auch »Rastenfelder Bucht« genannt, mit Bootsanlegern und Badestegen. Auf dem Fahrweg Nr. 57d und 80a, teils oberhalb des Stausees, über Schultern und Felskanzeln hinweg nordwestwärts auf und ab weiter, später um eine Ecke nach rechts herum zu einem querenden Fahrweg. Diesen kurz nach links hinaus auf eine bewaldete Halbinsel mit der verschlossenen **Jagdhütte Prader (5)**, 495 m (Sitzgarnituren, Wildbadeplatz).

Den begrünten Fahrweg Nr. 80 und 57d teils direkt am bewaldeten Seeufer (Bademöglichkeit) zu einer Gabelung und links haltend (Weg Nr. 80) in Ufer-

Im Umkreis der auf einer Halbinsel gelegenen Jagdhütte Prader finden sich herrliche Badeplätze.

nähe weiter zur **Brücke der B 38 (6)**. Unter ihr durch zu einem Badeplatz (Umkleidekabinen), dann nach rechts in eine schmale Waldbucht. Am jenseitigen Ufer zur Nordspitze einer schmalen Halbinsel, dort ist ein **Rastplatz (7)** mit Sitzgarnituren und Prachtblick zur Ruine Lichtenfels. Am Ostufer der Halbinsel nach Süden in die Wallner Bucht und diese im Linksbogen ausgehend zur **Bootsanlegestelle Peygarten-Ottenstein (8)**. Den Ufer-Fahrweg Nr. 80, 620 und 665 (Sitzgarnituren, Badeeinstiege) weiter, zuletzt kurz aufwärts zum **Infozentrum Region Kampseen (9)**, 522 m (Großparkplatz, Kiosk, Bootsverleih, Schiffsrundfahrten, Seerestaurant).
In Ostrichtung über den Parkplatz, noch vor der Kapelle aber links ab und auf dem asphaltierten Fußweg Nr. 5 hinab zur Staumauer des Kamptalsees. Hier die »Fußwegbrücke« über die Staumauer und jenseits auf Fahrwegen in Nordrichtung durch Wald auf und ab in einen Graben (Teich), danach in ei-

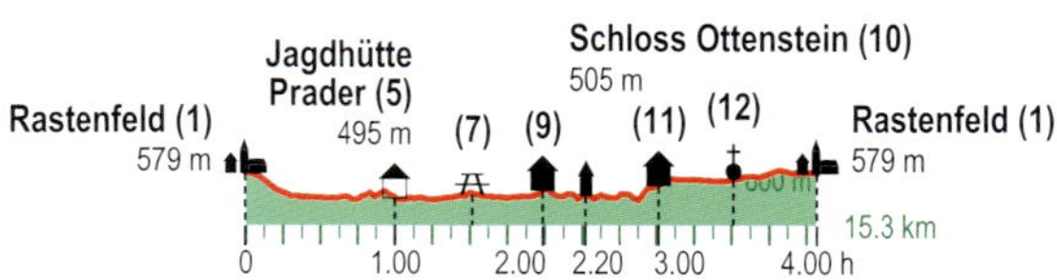

ner Kehre empor zum **Schloss Ottenstein (10)** – keine Besichtigung. Zurück zum Infozentrum und dort die Zufahrt durch Wald nach Südosten hinab zur B 38, die schräg nach links zur Mündung eines Wasser führenden Waldgrabens traversiert wird. Durch diesen auf dem rot bezeichneten Fußweg Nr. 80, 620 und 665 nach Osten empor auf eine Wiesenterrasse, dort am Waldrand nach links zu einer Asphaltstraße und auf ihr rechts haltend zum **Hotel-Restaurant Ottenstein (11)**, 540 m.
Die Straße in Ostrichtung weiter aufwärts auf ein ausgedehntes Felder- und Wiesenplateau. An einer Gabelung geradeaus weiter zum Waldrand. Im Rechtsbogen um die Anhöhe der Brünnerin herum nach Westen zu querender Asphaltstraße bei einer allein stehenden **Birke (12)** mit Kruzifix und Bank. Die Straße links haltend zu einer Querstraße und diese links empor zur Kreuzung am Waldrand. Die Asphaltstraße mit Weg Nr. 80 und 81 nach rechts (Südwesten) aufwärts zu einer **Anhöhe (13)**, 585 m, von wo aus Rastenfeld auftaucht. Jenseits leicht fallend zu einer Verzweigung. 150 m nach links (Süden), dann nach rechts über die B 37 (Überführung) zu kreuzender Straße (Bank). Nicht gerade fort (!), sondern die Straße 30 m nach rechts zu einem Kruzifix. Auf Feldweg nach links in den Ortsbereich und dort durch eine kurze Gasse zum Marktplatz von **Rastenfeld (1)**.

Die Ruine Lichtenfels vom Rastplatz an der Spitze einer Halbinsel am Südufer des Stausees.

17 Traunsteiner Ringweg

4.00 Std.

Wackelsteine und abseits gelegene Bauernhöfe

Von Bad Traunstein führt der schöne Rundweg vorbei an Granitbuckeln und tonnenschweren »Wackelsteinen«, von denen sich manche sogar von Kindern schaukeln lassen, andere hingegen enorme »Standfestigkeit« besitzen.

Ausgangspunkt: Bad Traunstein, Marktplatz, 923 m (Parkplätze, Bushalt, Anreise von Krems per Bus 704 nach Ottenschlag und weiter mit Bus 734).
Anforderungen: Einfache, mittellange Wanderung auf bez. Fuß- und Güterwegen.
Höhenunterschied: 330 m im An- und Abstieg.

Einkehr: Gasthöfe in Bad Traunstein und in Stein.
Tipp: Der »Wachtstein« (948 m, kurzer gesicherter Steig), der »Hausberg« von Bad Traunstein, im Norden sowie der »Franzosenstein«, ein standfester »Wackelstein« im Westen von Bad Traunstein.

Vom Marktplatz in **Bad Traunstein (1)** den rot bez. Weg Nr. 1 nordwärts hinab zur Straße nach Aschen und diese nach 50 m zur Linksabzweigung einer Forststraße. Auf ihr, dann auf Fußweg westwärts in den Anschaugraben und jenseits hinauf zum **Hof Haberegg (2)**. Auf Asphaltstraße nordwärts in eine Mulde (Hof) und dort die Straße 300 m nach links zu einem Hochstand. Nach rechts in den Wald zu einer Asphaltstraße. Diese links zum **Hof Hengstberg (3)** und in einen Graben mit Bach. Links von ihm über schöne Wiese abwärts zu einer Asphaltstraße und diese links hinab zum **Hof Blättergraben (4)**, 780 m. Weiter abwärts zur Brücke über den Anschaubach,

Der Franzosenstein am westlichen Ortsrand von Traunstein.

dort links ab und auf Fahrweg den Anschaugraben (Katarakte!) hinauf zu einem Querweg. Diesen links zum Bach (nicht weiter zur ehem. Anschaumühle!), dort den Weg nach rechts hoch zum **Hof Mühlberg (5)** und auf Straße weiter nach **Stein (6)**, 820 m. Durch den Ort nach Süden aufwärts zu einer Kurve und auf Asphaltstraße (Weg Nr. 1) gerade fort zu einer Teilung. Den Fußweg geradeaus in den Wald und hinauf nach **Buchegg (7)**. Die Straße eben in den Wald, dort auf Weg über eine Anhöhe hinweg nach **Prettles (8)**. Links den bez. Weg über Wiesen nach Osten abwärts in den Höllbachgraben. Auf Naturstraße hinauf nach Winkl und Überländ, dort zur Rechtsabzweigung einer Forststraße und auf ihr nordostwärts in den Wald mit querender Straße. Diese am Kienberg entlang nach links abwärts, dann rechts ab zum **Wiegenstein (9)**. Um den Berg herum zu einem Güterweg und links von ihm empor zurück nach **Bad Traunstein (1)**.

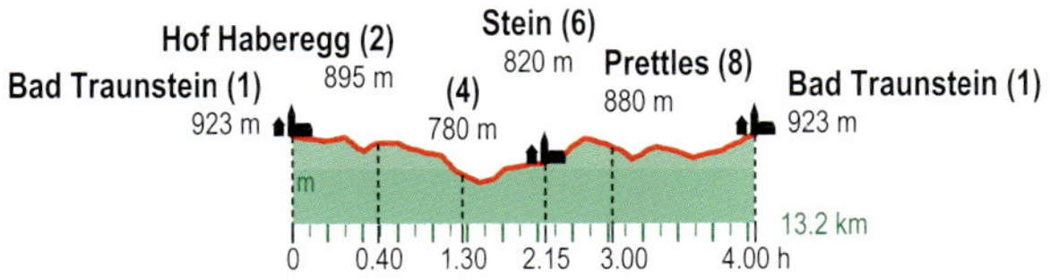

18 Schönbacher »Achter«

6.00 Std.

Abseits viel begangener Pfade

Ein ansässiger Naturfreund hat mich auf diese Wanderung um Schönbach aufmerksam gemacht. Vorbei an Granitböcken, verfallenen Mühlen und entlegenen Höfen ist es eine Tour, die den Schönheiten des Waldviertels nachspürt und bei fast jedem Wetter möglich ist. Am Rückweg von Stein ist Orientierungssinn gefordert, sonst gibt es auf dem Achterrund keine Probleme. Dass er sich gerade in Schönbach überschneidet, ist ein Plus, denn damit kann die Tour sowohl in einem Aufwasch als auch in zwei Etappen (zu 2.30 bzw. 3.30 Std.) unternommen werden.

Ausgangspunkt: Schönbach, Ortszentrum, 731 m (Parkplätze, Bushalt, Anreise von Krems mit Bus 170 nach Zwettl, dann per Bus 735 nach Schönbach, nur Mo. bis Fr.).

Anforderungen: Unschwierige, aber lange Wanderung auf meist bezeichneten Fahr- und Fußwegen. Ausdauer erforderlich, am Rückweg nach Schönbach der schlechten oder fehlenden Markierung wegen auch Orientierungssinn nötig.

Höhenunterschied: 500 m im An- und Abstieg.

Einkehr: Landgasthof Teuschl in Stein (10 B., tägl. geöffnet, Tel. +43 2878 6232 und Tel. +43 681 81500304, gasthofteuschl.com).

Von **Schönbach (1)** die Straße mit Weg Nr. 90 und 608 nach Westen aufwärts zur Ortsendetafel und über Wiesen zur Verzweigung nördlich des Bäckerberges. Rechts den gelb bez. Feldweg mit Nr. 90 (»Schindelmacher-

Unterwegs von Schönbach nach Stein.

weg«) hinab in einen **Wiesengraben (2)**, dort auf Asphaltstraße nach links (Süden) hoch zur Rechtsabzweigung eines Feldweges. Diesen eben nach Westen, dann im Linksbogen hinab in den Wald und weiter in das Tal des Kleinen Kamp knapp südlich der verfallenen **Waldmühle (3)**. Links auf Fahrweg am linken Kampufer nach Südwesten zu einer Asphaltstraße und diese links haltend aufwärts zu einer Teilung. Rechts die Naturstraße über eine Wiese in einen Seitenast des Kamptales und dort über eine Brücke zur nächsten Verzweigung. Links auf Fahrweg den Waldgraben ostwärts hoch zu querender Asphaltstraße bei Fischteich, diese nach links aufwärts zum nächsten Fischteich (Tiergehege) und links haltend empor nach **Reitern (4)**, 810 m.
Die querende Asphaltstraße 100 m nach Norden zu einer Verzweigung. Rechts den gelb bez. Fahrweg Nr. 90, über Wiesen nach Nordosten aufwärts durch den Wald und dort zur Anhöhe südöstlich des Wachtberges. Rechts ab und auf Fußweg nach Nordosten hinab zu einer Forststraße. Diese in Nordrichtung bergab, dann eben über Wiesen zu einer Schulter und hinunter zur Autostraße Traunstein–Schönbach. Diese 300 m nach Norden zur Linksabzweigung nach **Schönbach (5)**. Dort auf rot bez. Straße mit Weg Nr. 91 (»Hieronymusweg«), 605, 612 und E6 nach rechts zu einer Teilung. Links die bez. Asphaltstraße nach Nordosten aufwärts zur nächsten Gabelung. Rechts die Straße über Wiesen eben nach Südosten zum **Fichtenhof (6)** und nach Querung einer Mulde in den Wald. Bei Teilung die Asphaltstraße nach rechts in einen Sattel mit weiterer Verzweigung. Rechts den grün bez. Fahrweg Nr. 91 südwärts hinab in den bewaldeten Dorfstadtgraben. Durch ihn neben dem Bach nach Süden aufwärts zum Güterweg Mühlberg

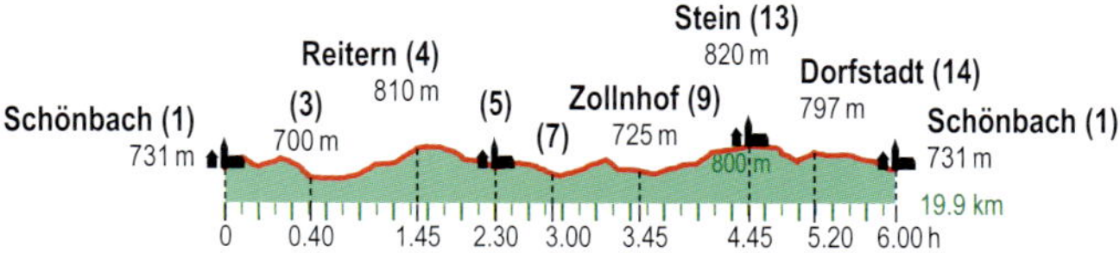

bei den Granitblöcken »**Höllgeansn**« **(7)**. Den Fahrweg links haltend nun flussabwärts nach Norden, später um eine Ecke nach rechts herum in den blockreichen Rehbachgraben. Dort auf bez. Fahrweg rechts vom Bach nach Süden hoch, später über eine Brücke (724 m) an das jenseitige Ufer und im Graben weiter bergauf, schließlich durch einen Seitenast nach links (Osten) hoch zur Asphaltstraße. Auf ihr links haltend aus dem Wald und über Wiesen hinunter zum **Hof Reitzenorth (8)**, 730 m. Nach ihm rechts ab und auf Feldweg, an malerischen Birkengruppen vorbei, eben zum **Zollnhof (9)**, 725 m. Auf Asphaltstraße durch Wiesen nach Norden abwärts und nach rechts zu querender Straße. Diese (Weg Nr. 91, 605 und 612) durch eine Grasmulde nach rechts (Südosten) aufwärts zum **Hof Waid (10)**, 715 m – angebl. Geburtsstätte Walther von der Vogelweide. Links ab und auf Asphaltstraße südostwärts steiler in einen Wiesensattel (Felsblöcke) empor. Jenseits auf Naturfahrweg an der rechten Seite des Anschaubaches eben nach Südosten, später nach links über den Bach zu Verzweigung. Rechts auf rot bez. Waldweg Nr. 53 neben dem Bach (Katarakte) nach Süden aufwärts zu einem Fahrweg und diesen links haltend über den Bach (Betonbrücke) zur Lichtung bei der ehem. **Anschaumühle (11)**, 753 m.
Noch vor der Betonbrücke rechts ab und auf rot bez. Weg im lichten Wald, später durch Wiesen und Obstgärten nach Südwesten empor zum **Hof Mühlberg (12)**, 795 m, und zu einer Straßenverzweigung. Links die Asphaltstraße (Weg Nr. 53) südwärts eben durch Wiesen zu einem Marienbildstock, danach im Linksbogen ostwärts über eine Anhöhe hinweg nach **Stein (13)**, 820 m. Die Durchzugsstraße, an der Kirche vorbei, nach Süden aufwärts zu einer Teilung. Rechts die Straße nach Schönbach westwärts über Wiesen auf einer Anhöhe, dann hinab in den Rehbachgraben und jenseits empor nach **Dorfstadt (14)**, 797 m. Am westlichen Ortsende (Bushalt) halb rechts ab und auf Naturfahrweg (keine Tafel, verblasste blaue Zeichen) nach Nordwesten hinab zur Verzweigung am Waldrand. Geradeaus auf begrüntem Fahrweg (nicht dem Güterweg rechts gegen den Dorfstadtgraben abwärts folgen!), nordwestwärts an den Waldhängen hinauf zu einer Forststraße und auf ihr zu einer Anhöhe mit Bildstock (Bank), danach leicht fallend zu Verzweigung. Halb links den blau und grün bez. Fahrweg hinab zum nächsten Bildstock und weiter in das Ortsgebiet von Schönbach. Durch ein Werksgelände zur Autostraße Traunstein–Schönbach und diese traversierend in das Zentrum von **Schönbach (1)**.

1.30 Std.

Luaga-Lucka-Weg

19 TOP

Höhlen und Klüfte um Altmelon

Der hier vorgestellte Luaga-Lucka-Weg, durch moosige Wälder und an eigenwilligen Granitformationen vorbei, ist leider nicht mehr das, was er früher war, nachdem das Wald- und Felsgebiet im Bereich der südlichen Weghälfte 2021 vom Grundbesitzer für Wanderer gesperrt und Wegmarkierungen wie Hinweistafeln entfernt wurden. Der verbliebene Rest, die Wanderung durch dichte Wälder zur originellen Luaga Lucka – heute ident mit dem Teddybärentrail »Moosiger Wald« – ist jedoch immer noch interessant und einen Besuch wert!

Ausgangspunkt: Altmelon, 880 m Ortszentrum (kostenfreie Parkplätze, Bushalt der Linie 735 Zwettl–Schönbach, nur Mo. bis Fr.).
Anforderungen: Kurze einfache Rundwanderung auf bez. Fahr- und Fußwegen. Auch mit Kindern zu empfehlen.
Höhenunterschied: 110 m im An- und Abstieg.
Einkehr: Zwei Gastbetriebe und ein Café (Bäckerei) in Altmelon. Unterwegs keine Einkehr!
Variante: Bleibt man an der Verzweigung (4) der in Ostrichtung fallenden Asphaltstraße treu, so erreicht man nach 5 Gehminuten schon nahe dem Waldrand linker Hand die Farthofer Felsen, 860 m, wo aufgetümte Granitblöcke ein Labyrinth mit Klüften und Höhlen und der darüber aufragenden Druidenkanzel (alte Kultstätte) bilden. Gesamter zusätzlicher Zeitaufwand samt Besichtigung ca. 30 Min.

Der idyllische Rastplatz beim Gaubitzhof.

Von **Altmelon (1)** auf der B 124 200m nach Nordosten zur **Rechtsabzweigung (2)** des rot bez. Naturfahrweges Nr. 70, 72 (»Luaga-Lucka-Weg«, »Teddybärentrail Moosiger Wald«) und 76 vor einem Wackelstein. Diesen, gleich an der Rechtsabzweigung von Weg Nr. 70 vorbei, über Felder und Wiesen eben nach Südosten, später im Wald sanft abwärts zur großen **Rechtschleife (3)** im seichten Waldgraben des Galgenbergbaches (tiefste Wegstelle). Den Fahrweg an der rechten Seite des Grabens zunächst in West-, dann in Südwestrichtung sanft bergauf, zuletzt durch Wiesen zu einer querenden schmalen **Asphaltstraße (4)**, der man nach links folgt. Die Straße ostwärts hinab wieder in den Wald und dort zu einer wichtigen **Verzweigung (5)**. Scharf rechts ab und auf breitem Fußweg durch Wald zuerst sanft, dann steil nach Südwesten hoch. 100 m bevor man die Wiesen und Feldern beim Gaubitzhof erreicht links ab (Tafel) und auf Stichweg (z. T. Holzstiegen) steil nach Süden empor zum Eingang in die **Luaga-Lucka (6)**, 890 m, eine durch Holzstiegen erschlossene abfallende Höhle mit »Liegestatt« und »Kuchl«. Zurück zum Hauptweg, diesen links haltend aus dem Wald hinaus und am Wiesenrand nach Südwesten aufwärts zur querenden Asphaltstraße (Felsformationen, Tafeln, Sitzgarnitur) beim **Gaubitzhof (7)**, 900 m.

Wir folgen der schmalen Asphaltstraße (Weg Nr. 72, 74, 75 und 76) über Wiesen und Felder nach rechts (Nordwesten) hinab in einen Wiesensattel mit Straßenteilung. Die Straße links nach 40 m zur nächsten Gabelung und dort links haltend, über einen kleinen Sattel hinweg, zu den Häusern von **Kühbichl (8)** mit sehenswertem Steinkeller. Weiterhin auf der Asphaltstraße, an der Südseite des Galgenberges entlang, eben nach Westen, dann auf Fahrweg kurz nach rechts zur B 119 und auf ihr rechts haltend in das Ortszentrum von **Altmelon (1)**.

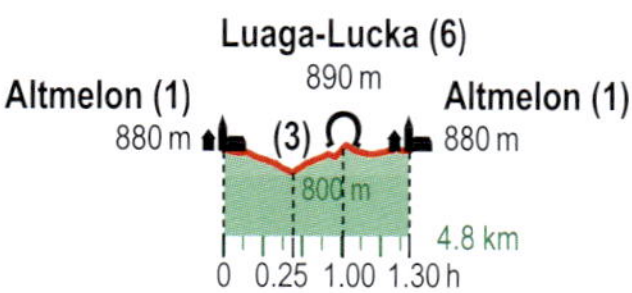

Der Eingang in die Luaga-Lucka.

20 Meloner Au

3.30 Std.

Alle Landschaftsfacetten des Waldviertels auf einem Streich

Die reizvoll kupierte Landschaft um Altmelon mit ihren Wiesen- und Waldkuppen, Teichen und verstreut liegenden Wackelsteinen bietet ein reiches Betätigungsfeld für Tatendurstige. Mit seltenem Legföhrenbestand, Teich-Biotop, Felsturm und Granithöhle ist die Meloner Au wie geschaffen für Entdeckungsfahrten in Begleitung wanderfreudiger Kinder.

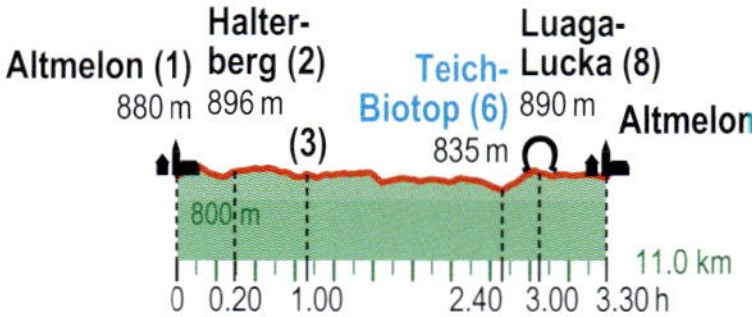

Ausgangspunkt: Altmelon, 880 m Ortszentrum (kostenfreie Parkplätze, Bushalt der Linie 735 Zwettl–Schönbach, nur Mo. bis Fr.).
Anforderungen: Einfache Wanderung auf gut beschilderten Wegen.
Höhenunterschied: 220 m.
Einkehr: Zwei Gasthöfe und ein Café (Bäckerei) in Altmelon. Unterwegs keine Einkehr!
Hinweise: Das Unternehmen kann mit Tour 21 zu einer Großrunde (Gesamtgehzeit 7.30 Std.) erweitert werden. Die Besteigung des Auwächters ist nur Geübten zu empfehlen.

Von **Altmelon (1)** die Straße nach Purrath westwärts hinauf zur Teilung beim Haus Nr. 76 (Wegweiser). Links die Straße mit Weg Nr. 74 und 77 nach 50 m zur nächsten Gabelung. Halb rechts auf Fahrweg, über eine Kuppe hinweg, durch Wiesen und Felder nach Südwesten abwärts zu querender Asphaltstraße. Auf ihr rechts haltend in eine Senke und jenseits empor zur Anhöhe **Halterberg (2)**, 896 m, mit Sitzgarnitur. 50 m danach zu kreuzendem Naturfahrweg und diesen (Weg Nr. 77) nach rechts in das Naturschutzgebiet Me-

loner Au (Schranke, Tafeln). Dort im Wald eben nach Nordwesten zur ersten Verzweigung (Ausschilderung »Moorweg«) und geradeaus weiter zur nächsten Gabelung. Links haltend hinab in das bewaldete Moorgebiet und dort auf dem alten »Bohlenweg« im Linksbogen nach Süden empor zu dem auf licht bewaldeter Anhöhe stehenden 6 m hohen Felsturm **Auwächter (3)**, er kann von Trittsicheren über einen nördlich vorgelagerten Felsblock und eine 2 m hohe Eisenleiter bestiegen werden.

Der Granitturm »Auwächter« bei Altmelon.

Eben weiter zu einer Forststraße und diese rechts haltend über einen Bach, danach südostwärts hinauf zum Rand der großen Wiese beim Wachtelhof. Im Wald weiter zur Autostraße Altmelon–Dittrichsbach und diese nach rechts zu einer **Kreuzung (4)**, 888 m, Unterstandshütte. Links den Fahrweg mit Nr. 77 (»Moorwanderweg«) ostwärts empor zu einer Anhöhe, danach über Wiesen hinab zu Asphaltstraße bei den Schweizerhäusern, die traversiert wird. Jenseits der Wegnummer 77 folgend hinab in eine Grasmulde und dort geradeaus im Wald nach Osten empor zu einer Teilung. Rechts auf Fußweg eben nach Südosten, danach durch ein Legföhrengebiet (Moor) zu großer **Wiese** mit **Verzweigung (5)**. Rechts den Fahrweg Nr. 74 südwärts über Felder sanft bergauf zu staubfreier Straße und diese, die B 119 kreuzend, nach links in die Streusiedlung **Fichtenbach,** 869 m, und dort zur Straßengabelung beim letzten Hof. Rechts den Güterweg »Fügerl« ostwärts zu querender Forststraße am Waldrand. Diese in Windungen nach links (Nordosten) abwärts zu einer Verzweigung und links haltend über einen Bach zu einem **Teich-Biotop (6)**. Jenseits kurz hoch zu einer Forststraße und diese (Weg Nr. 74 und 75) an den Hängen nach links (Norden) empor zum **Gaubitzhof (7)**, 900 m. Die Asphaltstraße 20 m nach rechts, dann links ab und auf Karrenweg Nr. 71 ca. 50 m nach Osten abwärts, zuletzt auf Steig kurz nach rechts hoch zum Eingang in die **Luaga-Lucka (8)**, 890 m, eine durch Holzstiegen erschlossene Höhle mit »Liegestatt« und »Kuchl«. Weiter wie bei Tour 19 über **Kühbichl (9)** zurück nach **Altmelon (1)**.

21 Von Arbesbach nach Altmelon

4.00 Std.

Schauwanderung von Ort zu Ort

Auf der hier beschriebenen Wanderung von Arbesbach nach Altmelon genießt man Ausblicke zu der auf steilem Fels thronenden Ruine Arbesbach, kommt an mächtigen Granitformationen vorbei und darf vor dem Retourweg in einem der beiden Gasthöfe zu Altmelon lecker speisen und schlemmen …

Ausgangspunkt: Arbesbach, 849 m, Zentrum (Parkplätze, Bushalt Linie 735 Zwettl–Schönbach, nur Mo. bis Fr.).
Anforderungen: Einfache Wanderung auf bez. Fuß- und Fahrwegen. Am Arbesberg Trittsicherheit nötig!
Höhenunterschied: 280 m im An- und Abstieg.
Einkehr: Mehrere Gastbetriebe in Arbesbach und Altmelon.

Variante: In Arbesbach lohnt ein Besuch der auf hohem Granitfelsen stehenden Ruine (»Stockzahn des Waldviertels«), einer Künringerburg aus dem 12. Jh., seit 1542 in Verfall. Von der »Alexander-Warte« (Aussichtsplattform, 903 m; von Ostern bis 31. Okt. an Wochenenden zugänglich, sonst Schlüssel in der Bäckerei Huber, Arbesbach 27) Sicht bis zu den Alpen vom Schneeberg bis zum Dachstein.

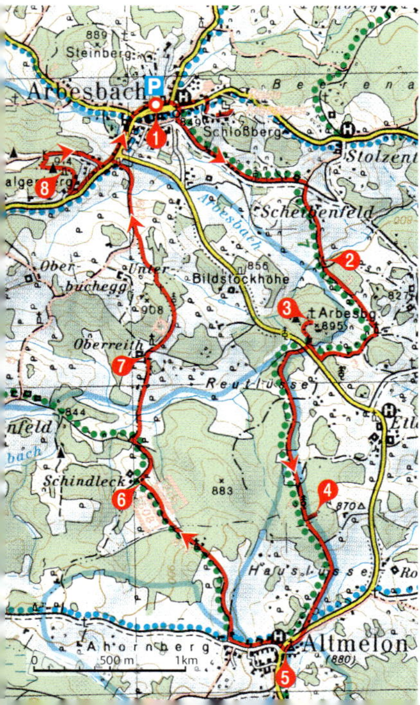

Von **Ortszentrum (1)** ostwärts an der Pfarrkirche vorbei, dann nach rechts hinab zur Neumeloner Straße. Diese (rot bez.) links haltend durch Wiesen und Wald nach Südosten, später aufwärts und eben zu allein stehendem Hof, danach zu kreuzender Naturstraße. Diese mit Weg Nr. 2 und 3 nach rechts zu Verzweigung (Bildstock). Links auf Feldweg eben nach Süden und hinab in einen Graben. Dort über den **Arbesbach (2)** und jenseits zum Waldrand (Felsblöcke, Bank), wo sich der Fahrweg nach links wendet. Auf Karrenweg geradeaus hinauf zu einer Anhöhe mit Naturstraße. Diese (Weg Nr. 3) nach rechts empor in den Sattel zwischen dem Arbesberg und einer Waldkuppe, dann hinab zur B 119 und diese 100 m nach rechts zur Verzweigung. Nach rechts in den Wald und auf Fußweg in den Sattel zwischen den beiden Gipfeln des Arbesberges. Nach links zur Expeditus-Kapelle, dann über Felsstufen zu einer Schulter und nach rechts hoch zum Nordgipfel des **Arbesberges (3)**, 895 m. Zurück zur B 119

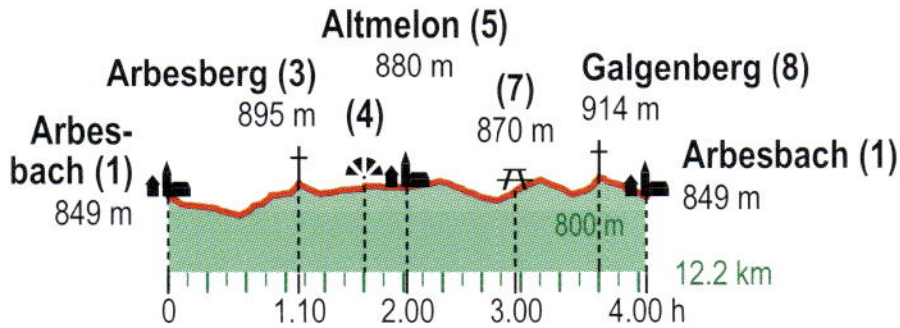

(830 m), die traversiert wird. Jenseits auf dem rot bez. Fahrweg Nr. 3 in den Wald und dort eben zu einer Teilung. Links haltend aufwärts, dann in Südrichtung auf eine Anhöhe (870 m). Links ab und auf bez. Steig im Wald kurz empor unter die wuchtige Felsburg der **Teufelsmauer (4)** mit Verzweigung (Infotafeln). Entweder nach links hoch zur »Aussichtswarte« am Gipfel eines Felsens oder auf bez. Steig in 5 Min. um das Massiv herum. Zurück zur Anhöhe (870 m) und dort den Weg Nr. 3 im Wald nach links abwärts, später auf Fahrweg, am »Altmeloner Hunde-Moorbad« vorbei, zu einer Asphaltstraße. Auf ihr über Wiesen nach Südwesten aufwärts zum Friedhof, jenseits zur B 119 und auf ihr nach rechts in das Ortszentrum von **Altmelon (5)**, 880 m. Die Asphaltstraße in Richtung Purrath nach Westen aufwärts zu einer Anhöhe. Dort die rot bez. Naturstraße (Weg Nr. 605, 608 und 612) über Wiesen nach rechts (Norden) zu einer Teilung. Links weiter zu einer Quellfassung und, an einem Granitblock mit Bildstock vorbei, nach Nordwesten hinab zum **Hof Schindleck (6)**, 850 m. Dort den Fahrweg nach rechts zum Schönfeldbach und hinauf zum **Hof Oberreith (7)**. Nach rechts zu einer Wiesenschulter, danach durch Wald und Felder zu einer Anhöhe mit Querstraße. Diese nach Norden hinab zur B 119 und auf ihr 50 m nach links zur B 124. Diese 100 m nach links zur Rechtsabzweigung einer Asphaltstraße und auf ihr zu einer Teilung. Links den Fahrweg in Südrichtung hoch, danach nach Osten empor zur nächsten Gabelung und links auf den bewaldeten Gipfel des **Galgenberges (8)**, 914 m. Jenseits kurz nach Osten hinab und auf Asphaltstraße rechts haltend zur B 124, auf ihr nach links nach **Arbesbach (1)**.

Der Markt Arbesbach im Waldviertel.

22 Arbesbacher Kamprunde

3.45 Std.

Rundweg im Umkreis des Kamp bei Arbesbach

Das Gebiet um Arbesbach ist reich an unterhaltsamen Rundwegen. Auf jenem über den aussichtsreichen Steinberg nach Haselbach bewegt man sich im Umkreis des Großen Kamp, der sich einerseits als friedlich durch Wiesen mäanderndes Gewässer, anderseits als rauschender Wildbach präsentiert.

Ausgangspunkt: Arbesbach, 849 m, Zentrum (Parkplätze, Bushalt Linie 735 Zwettl–Schönbach, nur Mo. bis Fr.).
Anforderungen: Unschwierige Wanderung mit einer 250 m langen weglosen und nicht markierten Waldstrecke. Daher ist ein gutes Orientierungsvermögen nötig!
Höhenunterschied: 270 m im An- und Abstieg.
Einkehr: Mehrere Gastbetriebe in Arbesbach. Unterwegs keine Einkehr!

Von **Arbesbach (1)** die Asphaltstraße mit Weg Nr. 6 und 80 nach Norden empor zur Verzweigung am Ostrücken des Steinberges. Auf Fahrweg nach links (Süden) aufwärts an den Ostrücken und nach rechts empor zur **Steinberg-Aussicht (2)**, 880 m. Arbesbach-Blick! Zurück zur Verzweigung und dort die Asphaltstraße, an Kreuzwegstationen vorbei, über Wiesen nach links abwärts zur Rechtsabzweigung eines unbez. **Karrenweges (3)**. Auf ihm nordwestwärts hinab zu querender Forststraße und diese (rot bez., Weg Nr. 7) rechts haltend im Wald nach Nordosten hinunter in das Tal des Großen Kamp. Rechts des Bachs talaus zur B 119 bei der **Gesenkschmiede Wiesinger (4)**. Die Straße über den Kamp zur Verzweigung jenseits der Brücke. Rechts den rot bez. Fahrweg Nr. 608 und 612 im Wald nach Nordosten aufwärts zu einer Teilung und links haltend weiter zu Verzweigung vor einer **Waldwiese (5)**. Halb rechts ab und auf unbez. Fahrweg nach Nordosten bergauf zu deutlichem **Linksschwenk (6)**. Hier weglos und ohne Markierung im Wald geradeaus nach Nordosten auf-

Am Höllfall des Großen Kamp.

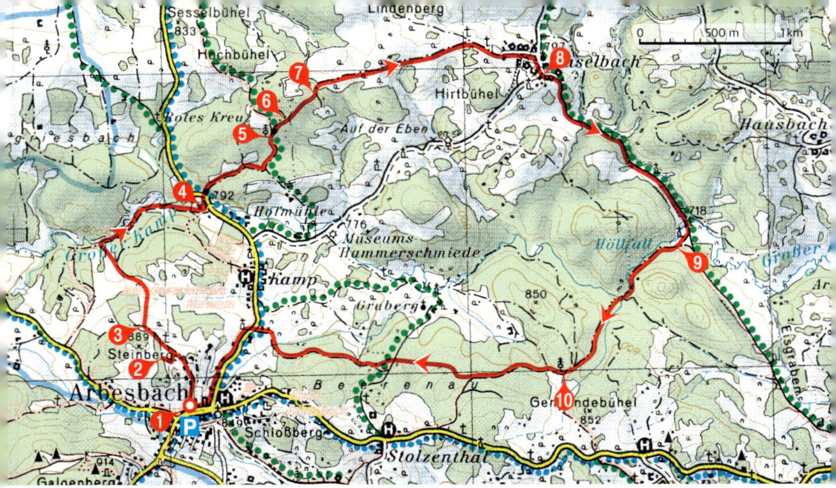

wärts und über eine Anhöhe hinweg zu querendem unbez. **Fahrweg (7)**. Auf ihm links haltend abwärts und hinaus auf das Lindenberg-Plateau. Dort durch Felder eben nach Osten zu einer Asphaltstraße (Arbesbach-Blick!), auf ihr rechts haltend nach **Haselbach (8)** mit Straßenteilung 50 m nach der Kapelle.

Links auf Asphaltstraße (Bikerstrecke »Höllmühl«) zu einem Wiesengraben, an malerischen Birkenbeständen und Kruzifixen vorbei, nach Südosten abwärts zum Großen Kamp und dort zur Verzweigung gleich nach der Brücke. Rechts ab und auf Fußweg, an einem alten Wallfahrer-Bildstock vorbei, nach Süden aufwärts zum rot bez. Fahrweg Nr. 1 (»Zeller Weg«, Tafeln, Sitzgarnitur) an der Mündung des **Höllgrabens (9)**. Den Fahrweg links der Kataraktstrecke des **Höllfalls** den Graben nach Südwesten aufwärts zur felsigen Verengung (Steg über den Kamp). Den Fahrweg geradeaus weiter zu einer Verflachung mit Wegteilung. Rechts auf breitem Fußweg im Wald nach Südwesten empor zu querender Forststraße. Auf ihr links haltend in die Wiesenmulde beim **Bildstock »Die heiligen sieben Sakramente« (10)** mit Verzweigung. Die Straße 50 m nach rechts zur nächsten Gablung. Halb links den Waldfahrweg Nr. 1 westwärts auf und ab in eine Senke, danach steiler empor und über eine Anhöhe hinweg, schließlich auf Forststraße nach links zu einer Teilung. Rechts die Straße mit Nr. 6, eine Asphaltstraße kreuzend, an den Waldhängen nach Westen, zuletzt über Wiesen zur B 119 und diese links empor nach **Arbesbach (1)**.

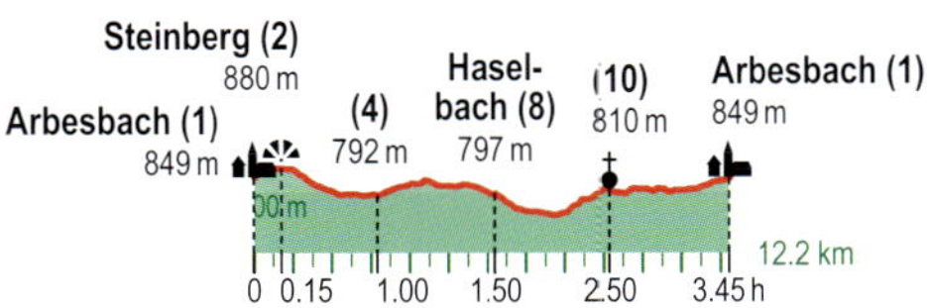

TOP

23 Höllfall und Lohnbachfall

4.15 Std.

Naturjuwele im Waldviertler Hochland

Der Einzugsbereich des Kleinen Kamp gehört seiner starken Gliederung wegen zu den alpenähnlichsten Gegenden der böhmischen Masse. Sein Kernbereich, die Gegend um Pretrobruck, birgt wahre Juwele landschaftlicher Schönheit. So ist der vorliegende Rundweg zu Höll- und Lohnbachfall eine besondere Empfehlung wert. Und auch Kinder werden begeistert sein, sorgen doch mächtige Granitfelsen, Spielwiesen, sprudelnde Bäche, Katarakte, Wasserfälle, ja sogar ein Miniatur-Klettersteig für Abwechslung und Spannung im gesamten Verlauf.

Ausgangspunkt: Pretrobruck, Ghf. Seidl, 775 m (Parkplätze, Bushalt Linie 735 Zwettl–Schönbach, nur Mo. bis Fr.).

Anforderungen: Im Bereich des Lohnbachfalls sind Trittsicherheit und Schwindelfreiheit nötig. Sonst einfache, aber lange Wanderung auf bez. Wegen und Straßen.

Höhenunterschied: 400 m im An- und Abstieg.

Einkehr: Ghf. Seidl (32 B., für Zimmergäste tägl. geöffnet, im Restaurant 1. Nov. bis Ostern So. bis Di., sonst Mo./Di. Ruhetag, Küchenbetrieb nur auf Reservierung, Tel. +43 2813 410, gasthof-seidl.at). Unterwegs keine Einkehr!

Tipp: An der Abzweigung zur Straße Schönbach–Pehendorf (10) verdient der Skulpturenpark »Kunst zwingt Rost« (200 Unikate verteilt auf 3000 m²) einen Besuch.

Vom Ghf. Seidl in **Pretrobruck (1)** auf dem »Güterweg Höllmühle« (Nr. 1) den seichten Eisgraben über Wiesen sanft nach Nordwesten abwärts zur Linksabzweigung des rot bez. Fahrweges Nr. 1 (»Zeller Steig«) in den **Höllgraben (2)** bei Tafeln und Sitzgarnitur. Den Graben links der Kataraktstrecke des **Höllfalls** nach Südwesten aufwärts zur felsigen Verengung (Steg über den Kamp). Den Fahrweg geradeaus weiter zu einer Verflachung mit Wegteilung. Rechts auf Fußweg im Wald nach Südwesten empor zu querender Forststraße. Auf ihr links haltend in die Wiesenmulde beim **Bildstock »Die heiligen sieben Sakramente« (3)**, 810 m. Links haltend die Naturstraße mit Weg Nr. 8, rechts am Gemeindebühel vorbei, über die Wiesen nach Süden hinauf zur **B 124 (4)** und jenseits den Güterweg hinab zur Streusiedlung **Brunn (5)**, 794 m, mit Kirchlein. Die Straße im Rechtsbogen hinunter in eine Mulde und dort südwärts zu einer Teilung. Links zum Sägewerk **Brunnmühle (6)**, 750 m, dann über den Lohnbach zur nächsten Gabelung. Links den Weg Nr. 2 nach Osten aufwärts in einen Sattel, danach über Felder zur Teilung bei einem Teich. Links im Lohnbachgraben zur Verzweigung

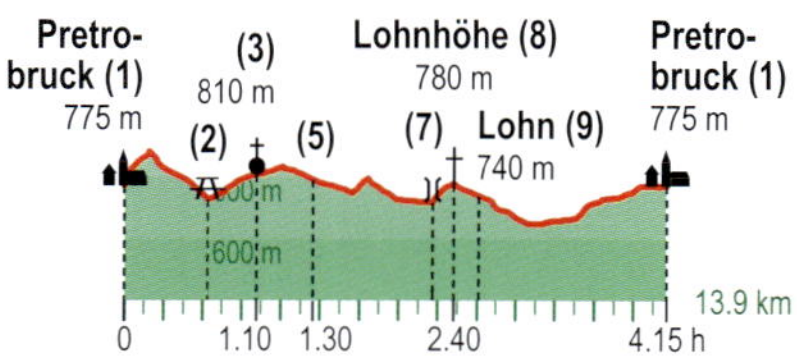

Moosbewachsene Granitblöcke bei der »Steinernen Stube« am Lohnbachfall.

beim **Zeller Steg (7)**. Rechts vom Bach (!) weiter, dann südostwärts hinauf zum »Steinernen Brünnl« (wassergefüllter Schalenstein) und über die Wiesen der **Lohnhöhe (8)**, 780 m, Kapelle, in den Weiler **Lohn (9)**, 740 m. Die Straße zur Lohnmühle nach Nordosten zu einer Teilung. Links auf Fahrweg hinab zum Lohnbach und zur **Straße Schönbach–Pehendorf (10)**. Links ab und auf Güterweg den Lohnbachgraben talein, später hinauf zum **Lohnbachfall**. Auf bez. Steig rechts von ihm (Geländersicherung, Holztreppen) steil hoch zur »Steinernen Stube« (Felsspalt zwischen mächtigen Granitquadern) und weiter zur Wiese beim Zeller Steg über den Lohnbach. Dort auf dem Weg Nr. 2 und 4 nach rechts hinauf und wieder zurück nach **Pretrobruck (1)**.

TOP 24 Durchs »Paradies« auf die Burgleiten, 844 m

4.30 Std.

Frei stehender Felsgipfel mit 360-Grad-Panorama

Sucht einer das Waldviertel nach Top-Touren ab, so hat er mit einer Besteigung der Burgleiten einen guten Griff getan. Wir erreichen die Höhe von Rappottenstein durch den Kamptal-Abschnitt »Paradies«, an den Felsformationen »Steinerner Torbogen« und »Gletschermühlen« vorbei.

Ausgangspunkt: Rappottenstein, 671 m, Hauptplatz (Parkplätze, Bushalt Linie 735 Zwettl–Schönbach, nur Mo. bis Fr.).
Anforderungen: Leichte Wanderung auf gut bez. Wegen und Straßen. Trittsicherheit nötig!
Höhenunterschied: 350 m.
Einkehr: Mehrere Gastbetriebe in Rappottenstein. Unterwegs keine Einkehr!

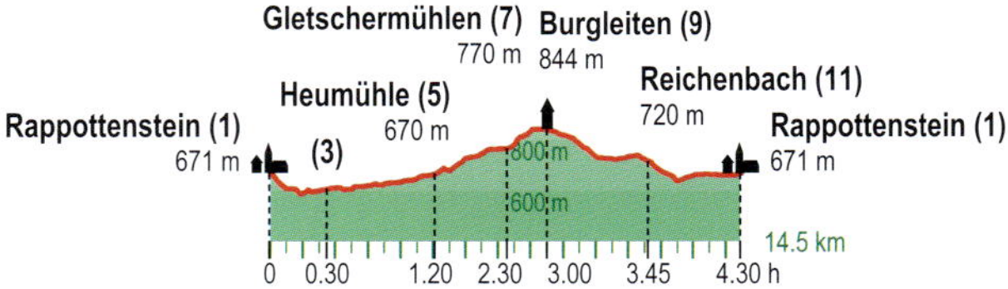

Vom Hauptplatz in **Rappottenstein (1)** auf Asphaltstraße (Weg Nr. 6, 54, 612, 665) über Wiesen nach Nordwesten abwärts zur Verzweigung vor einem Betonwerk. Rechts auf Karrenweg eben in den Wald und hinab zum **Großen Kamp (2)**, 600 m, Brücke. Jenseits über Wiesen nach links (Nordwesten) aufwärts in den Wald und dort zu schmaler Asphaltstraße. Auf ihr wieder hinab zum Kamp und dort am Ufer westwärts zur **Bruckmühle (3)**, 611 m, mit querender Asphaltstraße. Diese 400 m nach rechts aufwärts zu Verzweigung bei einigen Häusern. Links ab und auf Fahrweg in das nun enge Waldtal des Großen Kamp, »Paradies« genannt. Rechts neben dem Bach in Südrichtung zur

Granitturm mit Auswitterungen.

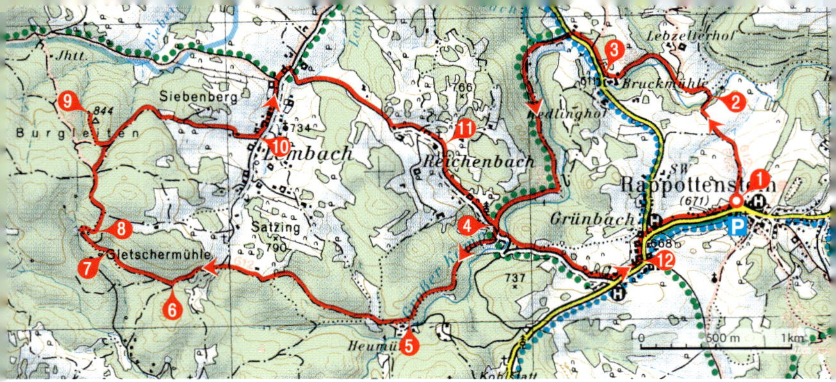

Autostraße (4), 650 m, die traversiert wird. Auf Karrenweg, später auf Fußweg rechts vom Kamp weiter aufwärts zur Lichtung bei der **Heumühle (5)**, 670 m. Geradeaus den Fahrweg Nr. 612 an der rechten Seite eines Seitengrabens im Wald nach Westen hoch zu einer Birkengruppe am Wiesenplateau. Am Waldrand nach 50 m zu einer Verzweigung. Halb links im Wald nach Nordwesten hinab zu einem Fahrweg und diesen links haltend zur nächsten Gabelung. Geradeaus den Karrenweg (nicht markiert, aber beschildert) nach Westen hinab zum »**Steinernen Torbogen**« **(6),** ein Felsenfenster mit polsterartig aufgelegtem Deckstein. Zurück zum Hauptweg (Nr. 612) und diesen an den Waldhängen westwärts auf und ab in ein wildes Felsengebiet. An einem 12 m hohen Granitturm erkennt man die sog. »**Gletschermühlen**« **(7)**. Nach Nordwesten empor zu einem Karrenweg und diesen links haltend in einen Graben. Aus ihm nach rechts hoch zur Durchgangshöhle »**Steinerne Stube**« **(8)**, einem auf zwei Blöcken ruhenden Granitfels. In Ostrichtung aufwärts zu querendem Fahrweg und diesen links haltend eben weiter, später durch einen Graben hinab zu wichtiger Verzweigung (geradeaus nach Lembach). Auf Fahrweg kurz nach links (Westen) empor in einen Waldsattel. Rechts ab und auf unbez. Steig nach Norden hoch, zuletzt über Felsstufen steil rechts empor auf den Südgipfel der **Burgleiten (9)**, 844 m, eine mittelalterliche Wehranlage mit noch erkennbaren Mauerresten. Zurück zur Verzweigung. Dort den unbez. Fahrweg nach links abwärts, später aus dem Wald und nach rechts (Osten) in den Wiesensattel vor dem Siebenberg. Jenseits auf Asphaltstraße hinab in die Streusiedlung **Lembach (10)**, 734 m, und dort 100 m nach links zu einer Teilung. Rechts die Straße nach Südosten aufwärts in einen Sattel und jenseits zum Weiler **Reichenbach (11)**, 720 m. An einem Steinkeller vorbei durch die Talmulde nach Südosten abwärts in das Tal des Großen Kamp, wo der bekannte Weg Nr. 612 gekreuzt wird. Jenseits der Kampbrücke nach Südosten aufwärts nach **Grünbach (12)**, 668 m. Dort die B 124 nach links hinab zur Straßenverzweigung und rechts haltend weiter nach **Rappottenstein (1)**.

25 Von Rappottenstein zur Wiesmühle

3.00 Std.

Fels- und Burgromantik an den Ufern des Kleinen Kamp

Die Gegend um Rappottenstein mit ihrer reichen Gliederung und den häufig zutage tretenden Granitfelsen gehört zu den attraktivsten Landschaften des Waldviertels. Wer die vorliegende Tour mit spiel- und abenteuerlustigen Kindern unternimmt, braucht sich um ein Unterhaltungsprogramm nicht kümmern! Da gibt es die romantische Schluchtstrecke des Kleinen Kamp, in dessen Wassern sich's an heißen Tagen wunderbar baden lässt. Dann die mittelalterliche Burg Rappottenstein, die unbedingt eine Führung verdient und in deren Umgebung »Waldläufer« und »Spurensucher« ein reiches Betätigungsfeld finden!

Ausgangspunkt: Rappottenstein, 671 m, Hauptplatz (Parkplätze, Bushalt Linie 735 Zwettl–Schönbach, nur Mo. bis Fr.).
Anforderungen: Unschwierige Wanderung auf bez. Fuß- und Fahrwegen.
Höhenunterschied: 280 m im An- und Abstieg.

Einkehr: Burgschenke Rappottenstein (geöffnet während der Führungszeiten der Burg, siehe burg-rappottenstein.at). Mehrere Gasthöfe in Rappottenstein.
Tipp: Führung durch die Burg Rappottenstein (Tage, Zeiten und Preise siehe burg-rappottenstein.at).

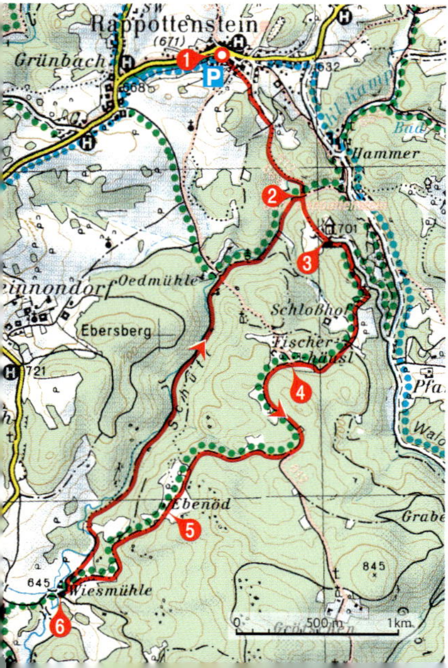

Vom Hauptplatz in **Rappottenstein (1)** die Ortsstraße nach Südosten zur Rechtsabzweigung von Weg Nr. 4, 5, 5A, 612 und 665. Auf ihm aus dem Ort zum Granitblock **»Opferstein«**, dann auf steilem Güterweg durch Wald hinab in das Tal des Kleinen Kamp, dort auf der **Heubrücke (2)** über den Bach zu querendem Fahrweg und diesen nach links zu einer Verzweigung. Rechts den Weg Nr. 5, 5A, 612 und 665 vorerst im Wald, dann über Wiesen nach Südosten hinauf in einen Sattel und nach links zur **Burg Rappottenstein (3)**, 701 m. Vom erwähnten Sattel auf Straße südostwärts zum Burg-Parkplatz. Dort rechts auf Forststraße nach Süden aufwärts zu einem Bildstock und in die Mulde beim Schlosshof. Hinauf

Burg Rappottenstein von der Ödmühle im Tal des Kleinen Kamp.

zur Wiese beim **Fischerhäusl (4)** und an ihrem Oberrand (Burgblick!) hoch, dann eben im Wald zur Teilung. Rechts einen Fahrweg vorerst in West-, dann in Südrichtung abwärts zu einer Wiese (Granitblöcke, Birken) und über sie zum **Hof Ebenöd (5)**. Nun nach Südwesten hinunter zur **Wiesmühle (6)**, 645 m, im weiten Talboden des **Kleinen Kamp**.
50 m vor dem Hof scharf rechts ab und auf Feldweg (Nr. 4, 5A und 12) hinunter zu den ebenen Kampwiesen. Rechts vom Bach nach Nordosten zu einem Felsblock, danach im engen Waldtal zur »Schütt«, wo der Kamp vorübergehend unter Felsblöcken verschwindet. Im Tal weiter zur Brücke an das linke Ufer. Nicht über diese zur Ödmühle, sondern vor (!) der Brücke rechts ab und auf bez. Forststraße rechts vom Kamp weiter zur Verzweigung bei der **Heubrücke (2)**, 595 m. Weiter auf bekanntem Weg zurück nach **Rappottenstein (1)**.

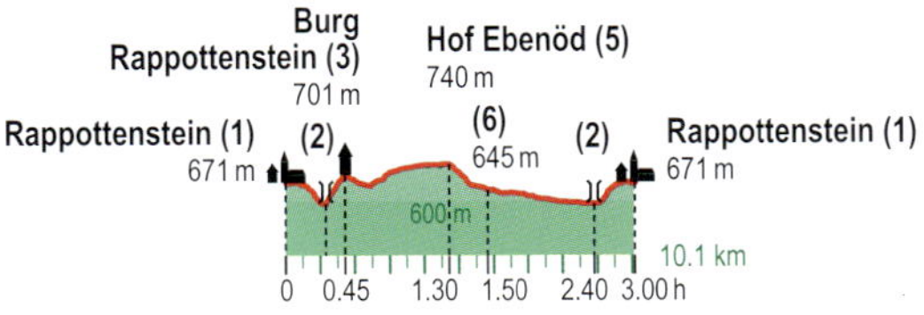

26 Guttenberg, 855 m

3.45 Std.

Eine selten besuchte Höhe bei Rappottenstein

Von den profilierteren Erhebungen des Waldviertels gewähren nur wenige ein Rundumpanorama. Der Guttenberg südöstlich von Rapottenstein darf diesbezüglich als Rarität gelten. Die Runde bereitet auch Kindern Vergnügen.

Ausgangspunkt: Waldbad Rappottenstein, 590 m (Parkplatz, im Ort Rappottenstein Bushalt Linie 735 Zwettl–Schönbach, nur Mo. bis Fr.).
Anforderungen: Einfache Wanderung auf bez. Fahr- und Fußwegen.
Höhenunterschied: 300 m im An- und Abstieg.
Einkehr: Buffet Waldbad Rappottenstein (ganzjähriger Betrieb: von Mai bis Sept. tägl. geöffnet, sonst Di. ab 14 Uhr, Mi. und Fr. ab 10 Uhr, Tel. +43 676 5419811 und Tel. +43 2828 50185). Unterwegs keine Einkehr!

Vom **Waldbad Rappottenstein (1)** den rot bez. Güterweg Hagenhof/Katzenhof (Weg Nr. 2, 2A und 3) an der linken Seite des Katzengrabens nach Südosten aufwärts zur Gabelung bei großer **Wiese (2)**. Die Straße (Weg Nr. 2 und 3) kurz nach rechts zu Verzweigung und rechts haltend die unbez. Straße nach Westen empor zum **Katzenhof (3)**. Auf Fahrweg nach links (Süden) aufwärts in den Wald mit neuerlicher Teilung. Nach rechts in die bewaldete Westflanke des Steinberges hinein und dort zu den Wiesen beim **Lindenhof (4)**, 695 m. Nun auf Asphaltstraße nach links (Südosten) empor nach **Pfaffendorf (5)**, 700 m, Kapelle. Am Scheibenhof, 730 m, vorbei, in Südostrichtung weiter bergauf zu einer Rechtskurve und dort den unbez. Karrenweg gerade fort zur Anhöhe bei kleiner Kapelle. Nun auf Straße vorerst in Süd-, dann in Ostrichtung abwärts zur nächsten Kapelle bei Rechtskurve. Auf unbez. Karrenweg gerade fort zu einer Asphaltstraße und diese aufwärts zum **Sattelhof (6)**, 805 m, mit Verzweigung. Links auf Fahrweg ostwärts an einem Hof vorbei, danach im Rechtsbogen (rot bez. Weg Nr. 3) zum Dachlhof, 790 m. Auf Asphaltstraße nach Norden hinauf zu querender Straße, diese 200 m nach rechts, dann links, westwärts, zu Verzweigung bei Rechtskurve und

Kleine Kapelle am Guttenbergweg.

nach rechts empor zum **Guttenberghof (7)**, 815 m. Auf Fußweg Nr. 80 nordwestwärts unter den aus Granitblöcken gebildeten **Guttenberg**. Nach links in seine Westseite und dort zu einer Wiesenschulter. Nun auf Steig im Uhrzeigersinn auf den **Gipfel (8)**, 855 m, Metallstange. Zurück zur »Verzweigung bei Rechtskurve«. Rechts den rot bez. Rundweg Nr. 2 über Wiesen westwärts hinab in den Graben zwischen Guttenberg und Gaisruck. An seiner linken Seite abwärts, bei Verzweigung auf Weg Nr. 2 nach rechts (Norden) steil empor zur Wiese beim verfallenen Wielandsberghof. Im Wald weiter auf eine Anhöhe und jenseits nach **Wielands (9)**, 767 m. Die Straße mit Weg Nr. 2 durch den Ort abwärts, dann über Wiesen eben nach Norden zum Straßenende. Auf Feldweg nordwestwärts zu querendem unbez. Fahrweg. Auf ihm links haltend im Wald zum Beginn einer Asphaltstraße, diese rechts hinab nach **Hagenhof (10)**, 690 m. Die Straße (Weg Nr. 2) hinab in den Katzengraben und auf bekanntem Weg zurück zum **Waldbad Rappottenstein (1)**.

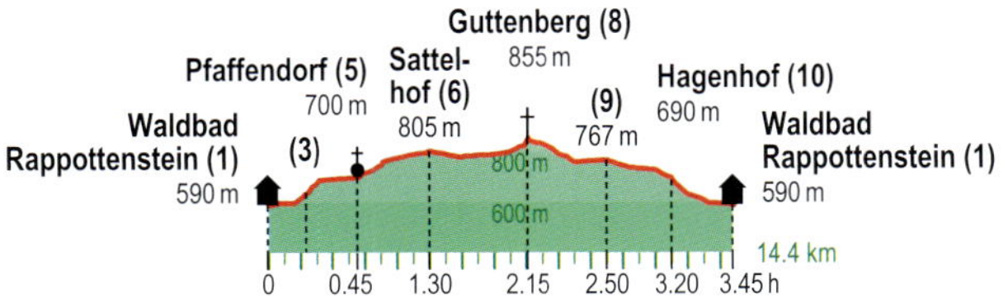

27 Zur Teufelskirche bei Etzen

2.45 Std.

Durch das wilde Felsgebiet südwestlich von Zwettl

Das Naturdenkmal der Teufelskirche bei Etzen ist Teil einer für das Waldviertel charakteristischen, großartigen Granit-Blockwildnis. Mit ihren Felsquadern, Türmen, Steilwänden, Granitschluchten, Opferschalen, Höhlen und Durchschlupfsteinen bietet sie ideale Voraussetzungen für eine Wanderung in Begleitung fantasiebegabter Kinder.

Ausgangspunkt: Etzen, 731 m, Hauptplatz (Bushalt, Parkplatz).
Anforderungen: Einfache Wanderung auf meist guten, teilweise asphaltierten, aber oft nur spärlich markierten Wegen.

Höhenunterschied: 310 m.
Einkehr: Unterwegs keine. Landgasthaus Mathe in Etzen (Mo. und Di. Ruhetag, Tel. +43 2812 8336, gasthausmathe.com).

Vom Hauptplatz in **Etzen (1)**, an der Kirche vorbei, nach Süden, die B 38 kreuzend, zu einem unbezeichneten Karrenweg. Diesen in einer weiten Kehre hinab in das Tal des Etzenbaches und dort zu großer Wiese am rechten Bachufer (spärliche Markierungen). Auf Wegspuren in südöstlicher Richtung dem Bach entlang zu einer kleinen Holzbrücke am Ende der Wiese und über sie auf das linke Ufer. Dort auf dem anfangs schlecht erkennbaren, nur sporadisch markierten Weg Nr. 10 das blockreiche Waldtal des Etzenbaches in südöstlicher Richtung abwärts zum Beginn einer Forststraße. Auf ihr, an der Rechtseinmündung von Weg Nr. 9 vorbei, den blau bez. Weg an der bewal-

Die Blockwildnis der Teufelskirche.

deten linken Talseite nach Südosten sanft aufwärts zu einer **Bergkante (2)**. Dort links ab (Pfeil) und auf steilem Pfad nach links (Norden) in wenigen Minuten empor zur ausgedehnten Blockwildnis der **Teufelskirche (3)**, 760 m, in urwaldhaftem Gelände mit zahlreichen unbezeichneten Wegen zwischen Felstürmen und Opferschalen.
Wieder hinab zur erwähnten Bergkante und dort die Forststraße links in Nordostrichtung aufwärts zu freien Feldern und Wiesen. Auf der nun asphaltierten Straße nach Süden, über einen **Sattel (4)** hinweg, und über freies Gelände hinab zum Weiler **Oberrabenthan**. Vor den ersten Häusern, bei einer **Wegteilung (5)**, scharf links ab und auf Karrenweg Nr. 10 in nördlicher Richtung sanft ansteigend zum asphaltierten Fahrweg von Oberrabenthan nach Hörweix. Diesen links haltend hinab nach **Hörweix (6)**, 737 m. Bei der weithin sichtbaren Dorfkapelle links ab auf Fahrweg Nr. 10 (rot bez.) nach Westen hinauf zu einem Marterl. Dort rechts auf ziemlich verwachsenem Waldweg, bei Wegteilung links haltend, steil empor auf den Waldgipfel des **Hochberges (7)**, 806 m, keine Aussicht. Über den bewaldeten Bergrücken in Nordwestrichtung abwärts, dann links haltend hinab zu einer Wiese. Einen querenden Güterweg nach rechts (Norden) entlang der Felder und Wälder von Kaltenbrunn, später durch Wald hinab zu einem Marterl an der B 38. Über die Straße hinweg und zurück nach **Etzen (1)**.

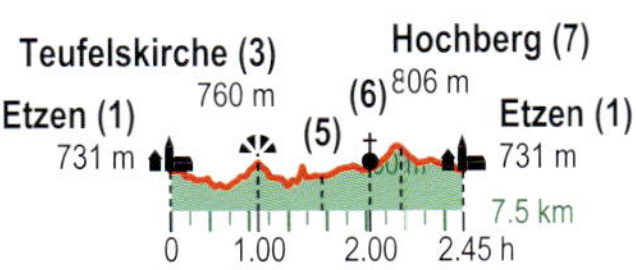

28 Am Kamp entlang zum Hohen Stein

2.45 Std.

Das Wandern ist des Müllers Lust …

Das obere Kamptal ist wie geschaffen für einen gemütlichen Ausflug. Da gibt es bequeme Wege in unmittelbarer Nähe des lustig dahinplätschernden Baches, Badeplätze an Sandbänken zwischen glatt geschliffenen Felsrundlingen, geheimnisvolle Wassermühlen, eine anregende Gipfelbesteigung, und das alles in einer vom breiten Touristenstrom noch weitgehend unangetasteten Landschaft! Künstler wie etwa der Maler Friedensreich Hundertwasser haben an den Ufern des Kamp, der »Schlagader des Waldviertels«, jene schöpferische Ruhe gefunden, die sie zu ihrer Kreativität benötigten.

Ausgangspunkt: Roiten, 576 m (Bushalt, Parkmöglichkeit), Dorfmuseum (gestaltet von Friedensreich Hundertwasser; geöffnet Mai–Sept. Fr. Sa. So. und an Feiertagen 14–16.30 Uhr, Tel. +43 2828 8516, dorfmuseum-roiten.at).

Anforderungen: Einfache Wanderung auf bez. Wegen. Nur im felsigen Gipfelbereich des Hohen Steins ist Trittsicherheit nötig.
Höhenunterschied: 150 m auf und ab.
Einkehr: Ghf. König in Roiten (Mi. Ruhetag, Tel. +43 2828 8501). Unterwegs keine Einkehr!
Variante: Alternativ ist es möglich, von der Kampbrücke (vor der Utissenbachmühle) auf unbez. Weg am westlichen Kampufer nach Süden zu wandern und über den Kreuzhof nach Roiten zurückzukehren; zusätzlicher Zeitaufwand 15 Min.

Vom Dorfmuseum in **Roiten (1)**, neben dem Gasthof König, auf Asphaltstraße nordwärts zum Kamp und am rechten Flussufer weiter zum Straßenende bei den letzten Häusern. Nun auf gutem Karrenweg unmittelbar am Ufer des gemächlich zwischen Granitblöcken dahinglucksenden Kamp durch ein noch weitgehend intaktes Waldgebiet weiter nach Norden zur malerischen **Hahnsäge (2)**, 561 m, in der der bekannte österreichische Maler Friedensreich Hundertwasser zeitweise gelebt und gearbeitet hat (1962). Info-Tafeln. Auf dem Karren-

Frühling am Kamp zwischen Roiten und Utissenbachmühle.

weg weiter dem Kamp entlang stromabwärts zu einer **Gabelung (3)**. Geradeaus weiter (links der direkte Weg zur Utissenbachmühle) einen Karrenweg steil hinauf zu einer Rechtskurve, dort links ab und einen markierten Weg sanft hinab in ein Tälchen. Auf begrüntem Karrenweg rechts haltend den Hang mäßig steil aufwärts, später in Falllinie steil hinauf zu einer Verflachung. Um einen Bergrücken herum und in Ostrichtung zu einer Verzweigung (links der Weiterweg zur Utissenbachmühle). Den bez. Fußweg geradeaus durch Wald hinauf zum Sattel vor dem Hohen Stein mit Unterstand am Fuß der Gipfelfelsen. Durch eine versicherte Felsrunse (rote Zeichen, Eisenklammern; Trittsicherheit nötig!) hinauf und durch eine weitere Rinne zum Gipfel des **Hohen Steins (4)** mit Holzkreuz.
Hinab zur letzten Verzweigung und dort Weg Nr. 6 zur Weißenbachklamm nach rechts (Nordosten), gleich darauf links hinab zu einem Karrenweg. Den bez. Weg rechts durch Wald zu einem breiten **Fahrweg (5)**. Diesen links (Weg Nr. 3) hinab zur Linksabzweigung des Hundertwasserweges 55 und jenen am Kamp entlang, stromaufwärts über die Hahnsäge (2) zurück nach **Roiten (1)**.

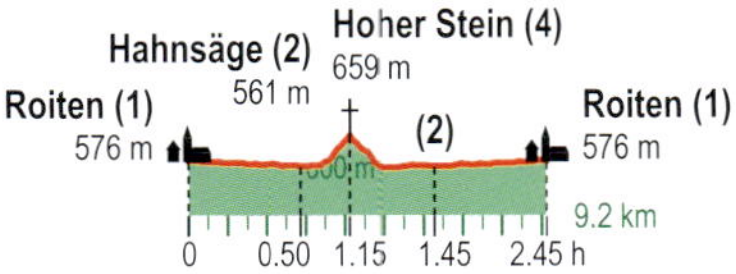

29 Aubergwarte, 811 m

2.15 Std.

Lohnendes Ausflugsziel südlich von Zwettl

Die riesige Holzkonstruktion, ein Dreibeinturm mit umschließendem Stiegenlauf, krönt den 811 Meter hohen Auberg südlich von Zwettl. Eilige erreichen die 27 Meter hohe Aussichtswarte vom Parkplatz an der Straße Großgöttfritz–Engelbrechts auf gutem Fußweg in einer knappen halben Stunde. Wesentlich lohnender ist jedoch ihr Besuch vom weiter östlich gelegenen Ort Sprögnitz, von dem sich ein Kräuter-Themenweg (»Wildkräuterweg«) über weitläufige Wiesen und durch herrliche Hochwälder anbietet.

Ausgangspunkt: Sprögnitz, 711 m, , Kirche im Ortszentrum (Bushalt Linie 731 und 732, nur Mo. bis Fr., Parkplätze).
Anforderungen: Einfache, kurze Wanderung auf gut beschilderten Fahr- und Fußwegen, ideal im Frühling und Herbst. Auch mit Kindern sehr zu empfehlen.
Höhenunterschied: 150 m im An- und Abstieg (mit Besteigung der Aubergwarte 175 m).
Einkehr: Bio-Gasthaus »Leibspeis« in Sprögnitz (siehe Tipps). Aubergwirt (Gasthaus Kolm) in Engelbrechts 16 (ganzj. geöffnet, Mi. Ruhetag, Tel. +43 2875 8371, grossgoettfritz.at/Marktgemeinde/Engelbrechts/Aubergwirt).
Tipps: 1) Besondere Beachtung verdienen die fast vor jedem Haus in Sprögnitz liebevoll angelegten Wildkräuterbeete. 2) In Sprögnitz lohnt ein Besuch der Firma »Sonnentor« (Bio- und Kräuterprodukte, Workshops, Führungen, Verkaufsstelle, Teesalon, Café, Bio-Gasthaus »Leibspeis«, geöffnet 1. April bis 31. Okt., Tel. +43 2875 20300-450, sonnentor.com/erlebnis).

Von der Kirche in **Sprögnitz (1)** auf dem »Wildkräuterweg« (Nr. 21) die Ortsstraße am rechten Rand der Angerwiese westwärts zur Verzweigung bei den letzten Häusern. Links haltend aus dem Ort und auf schmaler Asphaltstraße

(zahlreiche Infotafeln) durch Felder und Wiesen südwestwärts sanft bergauf, dann auf Forststraße durch schönen Nadel-Hochwald (»Hängsschlag«) weiter aufwärts und hinaus zu freien Feldern mit der **Kreuzung (2)** des rot bezeichneten Querwegs Nr. 665. Die Forststraße am Waldrand geradeaus sanft aufwärts in einen seichten **Sattel (3)**, 770 m, und jenseits auf Asphaltstraße hinab nach **Engelbrechts (4)**, 759 m. (Dort geht's links zum nahen Aubergwirt/Gasthaus Kolm.) Die querende Durchgangsstraße nach rechts (Nordwesten) abwärts zum **Parkplatz Aubergwarte (5)** am Waldrand. Rechts ab und auf breitem Fußweg (keltisches Baumhoroskop, Drachen-Skulpturen) nach Nordosten empor an einen Bergrücken und diesen durch Wald in einigen Kehren nach links (Norden) hinauf zum Gipfel des Aubergs, 811 m, mit der 27 Meter hohen, aus Holz gefertigten **Aubergwarte (6)**, deren überdachte Plattform über einen umschließenden Stiegenlauf (130 Stufen) erreicht wird. Von der ganzjährig frei zugänglichen Warte überschaut man weite Bereiche des Waldviertels, wobei die Sicht nach Norden bis Waidhofen an der Thaya, nach Osten bis zum Manhartsberg, nach Westen bis zum »Stockzahn« (Burg Arbesbach) und zum Nebelstein, nach Süden bis zu den Alpen (Schneeberg, Ötscher) reicht. Vom Gipfel den »Wildkräuterweg« durch Wald in Nordrichtung steiler hinab zur querenden rot bezeichneten **Forststraße (7)**. Diese mit Weg Nr. 665 nach rechts (Südosten) vorerst im Wald, später über Wiesen zur **Kreuzung (2)** mit Weg Nr. 21 und auf diesem links wie im Anstieg zurück nach **Sprögnitz (1)**.

Die auf drei Standbeinen ruhende, 27 Meter hohe Aubergwarte bei Sprögnitz.

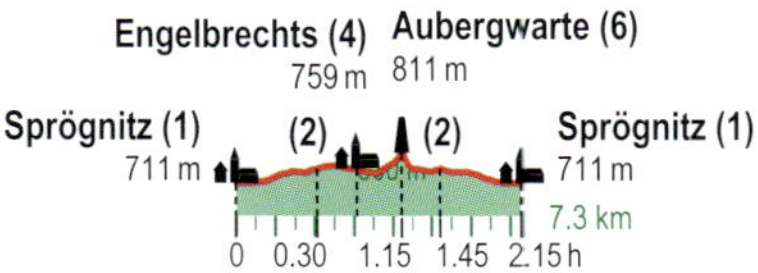

30 Um den Moidramsberg

3.30 Std.

Auf Schusters Rappen zwischen Zwettl und Kamp

Es ist immer wieder ein Erlebnis! Nur wenige Minuten von der quirligen Stadt Zwettl entfernt, findet man in den Waldschluchten von Zwettl oder Kamp ein ökologisches Kleinod ersten Ranges. Neben Schwarzstorch, Uhu und Eisvogel kann man hier mit etwas Glück auch Smaragdeidechse und Fischotter beobachten. Mächtige Granitblöcke in skurrilen Formationen und romantische Mühlen im kühlen Talgrund sorgen für Abwechslung.

Ausgangspunkt: Zwettl, 518 m (Bushalt, Parkplätze), Hauptplatz (bekannter Hundertwasser-Brunnen).
Anforderungen: Einfache bequeme Wanderung auf gut bez. Wegen.
Höhenunterschied: 360 m im An- und Abstieg.

Einkehr: Gasthöfe und Restaurants in Zwettl. Hotel-Restaurant Schwarzalm (60 B., Tel. +43 2822 53173, schwarzalm.at).
Variante: Die Wanderung kann ab Erreichen des Kamptales mit Tour 28 kombiniert und so über die Utissenbachmühle bis nach Roiten ausgedehnt werden.

Vom Hauptplatz in **Zwettl (1)** nach Südwesten hinab zum Zwettlbach. Rechts den rot bez. Promenadenweg Nr. 12 und 611, unterhalb der mittelaterlichen Stadtmauer, am Mühlbach entlang flussaufwärts bis zur Talbergstiege, am Fuß des Antonturms. Dann auf felsigem Weg hinauf zu einem querenden Felsriegel (Rastplatz), wieder hinab zur Zwettl und zur Einmündung des **Demutsgrabens (2)**. Weiter am orogr. linken Ufer der Zwettl durch Auwald und unter der Straßen-Umfahrung durch nach **Syrafeld (3)**, 537 m, das man von Norden her erreicht. Links haltend hinab zur malerischen Kapelle, auf der Straßenbrücke über die Zwettl und jenseits im Bogen nach Süden aufwärts zu einer Linkskurve. Dort den rot bez. Weg 12 gerade durch den Moidramswald empor zum Waldrand am höchsten Punkt des Waldrückens (links der 200 m

Alte Mühle im Kamptal oberhalb von Zwettl.

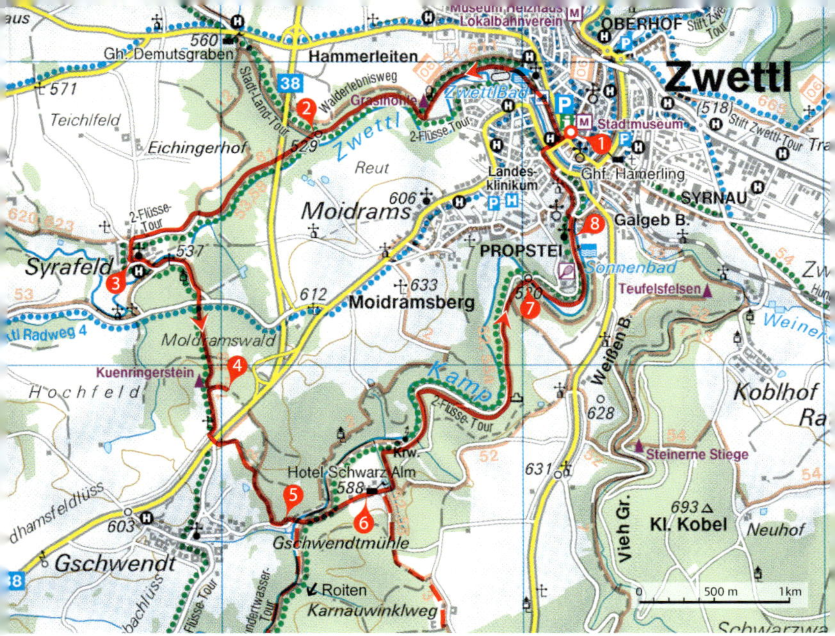

lange Stichweg zur Steinformation des **Kuenringersteins (4)**, 615 m. Gerade weiter einen Feldweg nach Süden abwärts zur B 38. Über sie hinweg (Vorsicht!) und links haltend auf Weg Nr 12 sanft ansteigend in den Wald, später auf Fußweg steil abwärts zu einem Bach und um einen Bergrücken herum zu einem Sträßchen. Auf ihm scharf links hinab zur ehem. **Gschwendtmühle (5)** direkt am Kamp.

Unterhalb des Mühlenwehrs auf Fußgängersteg über den Kamp zu einer Verzweigung. Dort den schräg nach links (Osten) aufwärts führenden Weg (Pfeil) hinauf zu dem auf schöner Wiese gelegenen Hotel-Restaurant **Schwarzalm (6)**, 588 m. Vom Hotel auf Weg Nr. 52 (rot bez.) nach Osten abwärts zu einem Teich und dort einen Waldgraben nach links hinab zum Kamp, den man bei einem kleinen Kraftwerk erreicht. Nun auf Naturstraße am rechten Kampufer, mehrere Flussschlingen ausgehend, zur **Brücke (7)** beim Wasserwerk. Dort an das linke Ufer und rechts haltend auf schönem Promenadenweg entlang der Kampwiesen, vorbei am ehem. Freibad, zur **Bründlkirche (8)** am linken Talhang. Durch die Kamptalstraße und über die Zwettlbrücke zurück ins Stadtzentrum von **Zwettl (1)**.

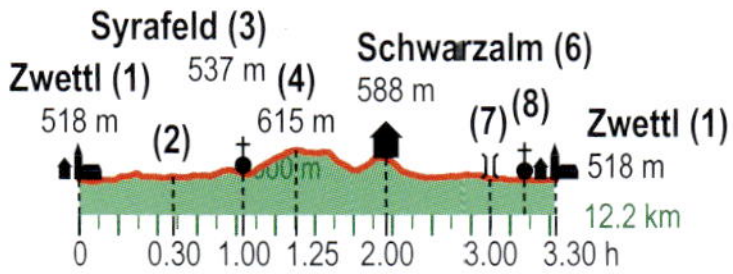

31 Zur Steinpyramide bei Schloss Rosenau

3.15 Std.

Attraktive Runde zur einzigen Pyramide Europas

Wer von Pyramiden hört, denkt eher an Ägypten als an das Waldviertel. Und doch findet man in den dichten Wäldern um Rosenau ein solch merkwürdiges Bauwerk, die einzige Pyramide Europas mit einem Durchmesser von 16 Metern und einer Höhe von fast sieben Metern. Obwohl der Zweck des Objekts und der Zeitraum seiner Errichtung nicht eindeutig geklärt sind, lässt sich eines mit Gewissheit sagen: Der Besuch des einzigartigen Ortes und Kraftplatzes lohnt in jedem Fall.

Ausgangspunkt: Rosenau, 628 m, Renaissanceschloss (Bushalt, Parkplatz; Freimaurermuseum, Anf. April bis Ende Okt. 9–17 Uhr geöffnet, Mo. geschlossen).
Anforderungen: Einfache Wanderung auf teilweise asphaltierten Wegen.

Höhenunterschied: 220 m.
Einkehr: Schlosshotel Rosenau (ganzj. geöff., ausgen. Jan., 42 B., Tel. +43 2822 582210, schlosshotel.rosenau.at); Meierhof Heuriger (sporadisch geöffnet, Tel. +43 2822 58494, meierhof-heuriger.at).

Von **Schloss Rosenau (1)** auf asphaltiertem Fußweg Nr. 611, 665 nach Südwesten zum Schlossteich und den rot bez. Weg über eine Hügelkuppe hinweg zur querenden Straße. Von ihr gleich wieder rechts ab und einen staubfreien Weg hinauf zu einer Anhöhe am Waldrand, **P. 660 m (2)**. Den Naturfahrweg Nr. 665 gerade fort, später links ab und an einem Hof vorbei hinab in einen Graben. Über das Waldbachl und jenseits hinauf zu einer Straße. Auf ihr rechts haltend zu einer Kreuzung, dort rechts ab, gleich darauf einen steilen Feldweg nach links (Süden) empor auf eine Kuppe und jenseits abwärts zur Streusiedlung **Hochreith (3)**, 684 m. Die Dorfstraße zweimal links haltend hinab in eine Talmulde und dort nach rechts zum **Schwarzteich (4)**. Auf gelb und blau bez. Forststraße (Nr. 30) durch Hochwald sanft nach Südosten aufwärts in eine Mulde mit Wegabzweigung (Biobau-

Die geheimnisvolle Steinpyramide am Steinberg.

ernhof). Geradeaus zur Kuppe des Neuwaldes und dort nach rechts empor auf den **Steinberg (5)**, 726 m, mit der mächtigen Steinpyramide auf einer Waldlichtung. Zurück zur erwähnten Wegabzweigung und dort rechts auf gutem Weg zu einem Waldteich und über Wiesen in Ostrichtung zu querender Asphaltstraße. Gerade weiter, an einem Gehöft vorbei, hinab zum Meinhartsbachl. Am Waldrand entlang nach Nordosten zu einem Teich und über einen Sattel hinweg zur Straße am Ortsrand von **Jahrings (6)**. Dort links hinab zum Jahringsbach, vor der Brücke rechts ab (Pfeil) und über eine bachabwärts gelegene Brücke an das Westufer. Auf Karrenweg nach Norden am Waldrand entlang zu einem **Sattel (7)**. Jenseits durch Wald abwärts, dann scharf links über eine Wiese in einen Talwinkel mit kleiner Brücke. Auf dem beginnenden Karrenweg am Wiesenhang nach Nordosten aufwärts in einen Sattel und auf asphaltiertem Güterweg hinunter zu einer Kreuzung. Nach links nach **Guttenbrunn (8)**, 585 m, und zur Kapelle im Zentrum. Auf Güterweg nach links (Westen) hinauf in einen **Sattel (9)** mit Marterl und dort halb rechts (Pfeil) auf bez. Steig durch Wiesen und Wald steil nach Westen abwärts zum Gutenbrunner Bachl. Jenseits steil hinauf zu einer Straße, die nach rechts traversiert wird, danach, am Meierhof vorbei, zurück zum **Schloss Rosenau (1)**.

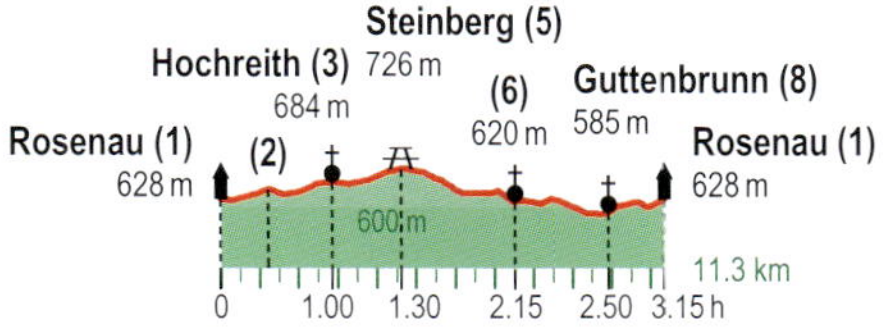

32 Von Schloss Rosenau zur »Weltkugel«

3.45 Std.

Geheimnisvoller Kraftplatz im Oberrosenauerwald

Eine der spektakulärsten Steinformationen im Umkreis von Schloss Rosenau ist die riesige »Weltkugel« im Oberrosenauerwald. Mit einem Gewicht von 500 Tonnen und einem Durchmesser von sieben Metern versetzt der kugelförmige Härtling die vielen Besucher immer wieder in Erstaunen.

Ausgangspunkt: Rosenau, 628 m, Renaissanceschloss (Bushalt, Parkplatz; Freimaurermuseum, Anf. April bis Ende Okt. 9–17 Uhr geöffnet, Mo. geschlossen).
Anforderungen: Einfache Wanderung auf teilweise asphaltierten Wegen.
Höhenunterschied: 240 m im An- und Abstieg.
Einkehr: Schlosshotel Rosenau (ganzj. geöff., ausgen. Jan., 42 B., Tel. +43 2822 582210, schlosshotel.rosenau.at); Meierhof Heuriger (sporadisch geöffnet, Tel. +43 2822 58494, meierhof-heuriger.at); Schnitzlwirt Hofbauer in Niederneustift Nr. 34 (geöffnet Do.–Mo., Tel. +43/2822/58220, schnitzlwirt.at).
Variante: Vom Anstieg auf den bewaldeten Triebschneiderberg (735 m, Wegabzweigung beim Ortsende von Niederneustift) hat man einen weiten Überblick über das Waldviertler Hochland. Zusätzlicher Zeitaufwand 25 Min.

Von **Schloss Rosenau (1)** westwärts zur Volksschule oberhalb des Schlossteichs, dort links ab und auf rot bez. Weg Nr. 620 (Pfeil Niederneustift) durch den Finstergraben zunächst rechts, dann links vom Bach aufwärts zur que-

Barockschloss Rosenau westlich von Zwettl.

renden Dorfstraße in **Niederneustift (2)**. Auf ihr links haltend, westwärts, durch die Streusiedlung am Schnitzlwirt (links) vorbei, sanft aufwärts in den Oberrosenauer Wald und dort zu einer **Verzweigung (3)**. Auf Forststraße rechts ab und durch den »Alten Wald« zur Wiesenlichtung und Straßenkreuzung in **Zwischenwald (4)**, 680 m, Marterl. Auf asphaltiertem Güterweg 150 m nach rechts (Norden) aufwärts, dann den rot bez. Fußweg über eine sumpfige Wiese nach links hinab zu querender Forststraße. Auf ihr links haltend hinauf zu einer Gabelung und dort scharf links über einen Waldrücken nach Süden hinab zur Linksabzweigung des Weges zur Weltkugel. Auf bez. Fußweg nach links (Osten) mäßig steil empor zu dem im Wald stehenden mächtigen Granitblock der **»Weltkugel« (5)**, 730 m.

Zurück zur Forststraße und auf ihr geradeaus (Südwesten), dann nach links (Süden) abwärts und, einen Graben ausgehend, zum Straßenende bei Wendeplatz. Durch einen Hohlweg nach links hinauf zum Waldrand (Parkplatz). Nun auf asphaltiertem Güterweg, an Höfen vorbei, über Wiesen sanft bergab nach **Wirthelmreich (6)**, 670 m, an der querenden Straße. Diese nach links (Osten) aufwärts, nach einer Kapelle rechts ab und auf rot bez. Forststraße (Weg Nr. 611) ostwärts durch ein weitläufiges Waldgebiet nahezu eben zum **Waldbachl (7)**, danach leicht steigend zu einem **Marterl (8)** auf den Niederneustifter Wiesen. Auf Feldweg scharf rechts ab (Süden) und durch ein Wäldchen zu Güterweg bei **Kote 660 (9)** und diesen nach links (Norden), an zwei Fischteichen vorbei, abwärts zu einer Straße. Von ihr gleich wieder links ab und auf Fußweg nach Nordosten zum Schlossteich von Rosenau und weiter zum **Schloss Rosenau (1)**.

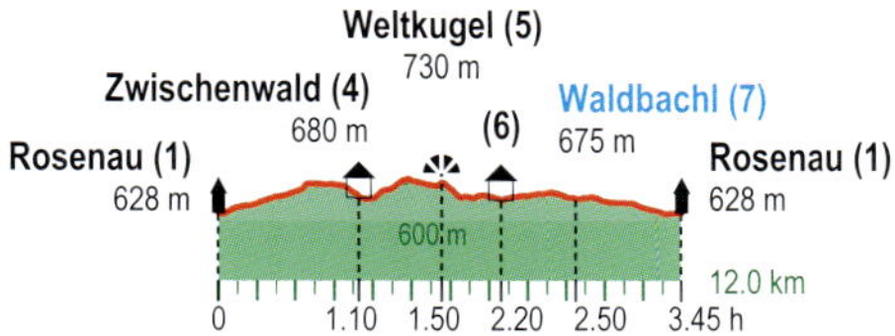

33 Steinwanderweg

3.30 Std.

»Steinreiche« Rundtour bei Langschlag

Kamelstein, Opferstein, Wackelstein und Teufelsmühle, das sind nur einige der zahlreichen Felsformationen, die man am Steinwanderweg von Langschlag zu sehen bekommt. Die in Wäldern oder an Feldrainen gelegenen Granitblöcke (»Härtlinge«) sind durch einen vorbildlich angelegten Ringweg miteinander verbunden. Für einen rundum gelungenen Wandertag empfiehlt sich die Anreise mit dem Dampfzug über den Kleinen Semmering.

Ausgangspunkt: Langschlag, 759 m, Bahnhof (Bushalt, Parkplatz). Anfahrt mit der Waldviertler Schmalspurbahn ab Gmünd (waldviertelbahn.at).
Anforderungen: Einfache Wanderung auf teilweise asphaltierten Wegen.
Höhenunterschied: 330 m im An- und Abstieg.
Einkehr: In Langschlag mehrere Gasthöfe. Unterwegs keine Einkehr.

Vom **Bhf. Langschlag (1)** die Bahnhofstraße nach Südosten zur Abzweigung der Kasbacher Straße. Links ab (Pfeil) und bei der folgenden Gabelung rechts hinauf zum Ortsende. Nach Durchquerung einer Ackermulde zu querendem Feldweg. Diesen nach links in ein Wäldchen und entlang der Markierung zum Kamel- und **Opferstein (2)**, ein Schalenstein, in dem das Wasser nicht austrocknet. Zurück zur Straße und auf ihr nach Norden, später links in Richtung Schmerbach zu einer Abzweigung bei einem Wäldchen. Dort links ab und auf Steig nach Süden empor zum **Wackelstein (3)**.

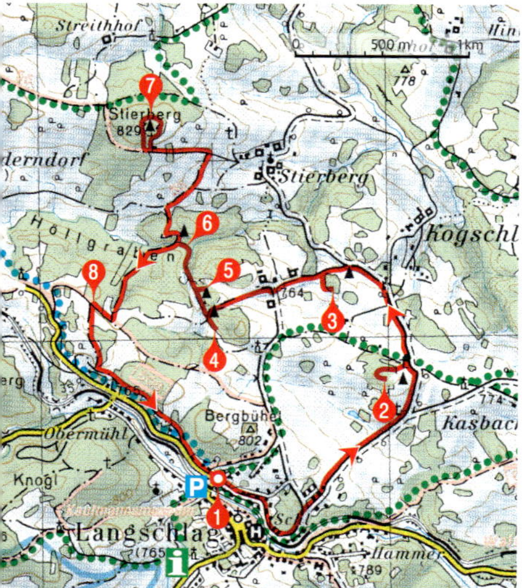

Wieder zurück zur Straße und nach links (Westen) zum Weiler Schmerbach, 764 m. Durch den Ort, dann westwärts auf Naturstraße durch eine Wiesenmulde hinauf zum Waldrand und dort links haltend zum **Mutter-Kind-Stein (4)**, einem Doppelschalenstein mit Leiternaufstieg. Zurück zur Naturstraße und links durch ein Waldstück hinab auf eine Wiese und nach rechts (Norden) zum **Augenbründl (5)**, einer wassergefüllten Steinschale am Waldrand. Vom nördlichen Ende der Wiese auf Waldweg zu dem von Westen her einmündenden Elexenbach.

Der Mutter-Kind-Stein, ein Doppelschalenstein.

Neben diesem durch ein verblocktes Waldtal zur Steinwildnis der **Teufelsmühle (6)**, 770 m. Nach Westen, auf Steinbrücken mehrmals über den Elexenbach, zu einer Verzweigung (Bank). Auf blau und gelb bez. Weg rechts hinauf zu einer Wiese mit Güterweg. Diesen gerade fort, später links haltend zu einer Asphaltstraße. Auf ihr (Nr. 91) nach links zum Waldrand (Stadel), dort nach rechts (Pfeil), dann steil nach links empor zu mehreren Schalensteinen (Leiter) und zum felsigen Gipfel des **Stierberges (7)**, 829 m, keine Rundsicht.
Auf Steig nach Westen hinab zum Fruchtbarkeitsstein (Durchkriechstein) und, einen Weg kreuzend, weiter zum riesigen Familienstein. Zurück zum Weg und auf ihm nach Süden zu einem Güterweg. Auf diesem nach links zum oben erwähnten »Waldrand (Stadel)« und zurück zur Wegteilung am **Elexenbach**. Nach rechts über den Bach und jenseits nach Süden hinauf zu querendem Güterweg. Auf diesem nach rechts, dann links ab (Pfeil) und auf **Fußweg (8)**, an den bewaldeten Abhängen zur Zwettl entlang, nach Südosten abwärts zur B 38 und zurück zum **Bhf. Langschlag (1)**.

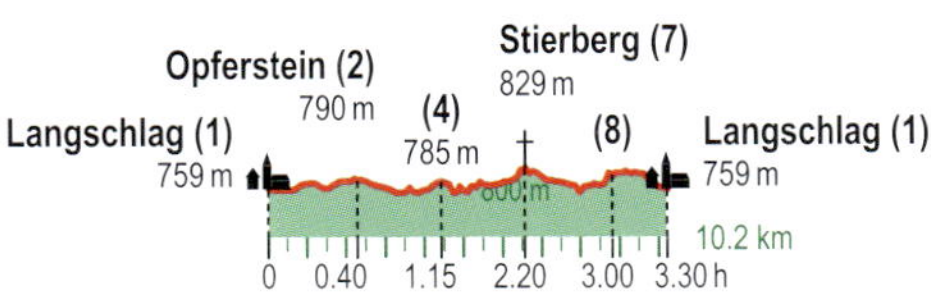

34 Kleiner Semmering

4.15 Std.

Dampfbahnromantik an der Europäischen Wasserscheide

Die Mitte des 19. Jh. geschaffene Semmeringbahn von Gloggnitz nach Mürzzuschlag machte diesen Übergang so populär, daß der Name »Semmering« bald stellvertretend für bahnerschlossene Passhöhen wurde. Der Bruderndorfer Sattel an der Waldbahn von Großpertholz nach Langschlag erhielt solcherart den Beinamen »Kleiner Semmering«. Die hier gewürdigte Wanderroute folgt dieser Strecke, in den Genuss der Bahnfahrt kommen Begeher allerdings erst auf der Rückreise.

Ausgangspunkt: Bhf. Steinbach-Großpertholz, 625 m (Bushalt, Parkplatz), 2 km nordöstlich von Bad Großpertholz. Anfahrt mit der Waldviertler Schmalspurbahn ab Gmünd möglich (waldviertelbahn.at).
Endpunkt: Bhf. Langschlag (759 m, Bushalt). Rückfahrt nach Steinbach mit der Waldviertler Schmalspurbahn (Tel. +43 2742 3609901000, waldviertelbahn.at, im Juli u. Aug. tägl.) oder mit dem mehrmals tägl. verkehrenden Bus.
Anforderungen: Einfache Wanderung auf guten Wegen. Ausdauer nötig!
Höhenunterschied: 430 m im Anstieg, 300 m im Abstieg.
Einkehr: Gasthöfe in Steinbach, Großpertholz und Langschlag, sonst keine Einkehr!
Variante: Vom Weiler Steinbach den Bahn-Erlebnis-Weg durch den Holzgraben nach Fassldorf. Von dort den bewaldeten Steinbachgraben zur Einmündung des Weges von Bad Großpertholz (3). Gleicher Zeitaufwand.

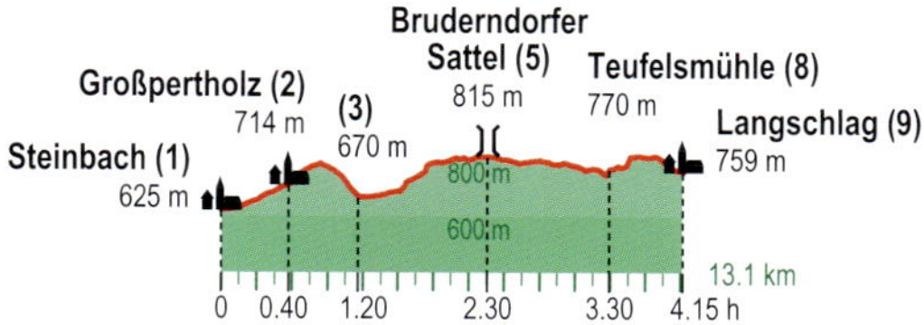

Vom **Bhf. Steinbach (1)** auf Straße südwärts zu den Häusern von Steinbach, 628 m, und zur querenden B 119 nach Großpertholz. Auf ihr links haltend, am Ghf. Winter vorbei, dann rechts ab und gleich links den asphaltierten Güterweg Nr. 84 über Wiesen hinauf nach **Bad Großpertholz (2)**, 714 m. Durch den Ort aufwärts zur Verzweigung bei einer Bushaltstelle am südwestlichen Ortsende. Links die Asphaltstraße (rot bez., Weg Nr. 608) an Häusern vorbei, später auf Feldweg nach Süden empor zum Höhenrücken des Streimbergs. Jenseits durch Wiesen und Wald nach Südosten hinab (Marterl) zur Forststraßen-Verzweigung im **Steinbachgraben (3)**. Den Güterweg

Mit Volldampf über den Bruderndorfer Sattel.

4

Breitwiesen
Mühlbach
Böhm-mühle
Lainsitz
Wolfsau
Steinbach
Watzmannser Feld
Fuchsloch
Rabenloch
Knotzerhäuser
Seifritz
Reithäusl
Reitberg
Rabenberg
Abschlag
Hölzgraben
Stockmühle
Reinberg
Streimberg
Scheiben
Spiegelhof
Hirtberg
Weikertschlag
Eckerasch
Feldmühle
Hub
Nonn
Kirningstein
Hubberg
Steinbachgraben
Münzbach
Blockhaus
Kleiner Semmering
Sonnleiten
Böhmhäusl
Streithof
Leitenhof
Bräuhof
Stierberg
Bruderndorf
Hof am Giebelberg
Sperhof
Höllgraben
Siebenhöf
Hofgraben
Mitterschlag
Wolfersberg
Hahnmühle
Obermühl
Bergbühel
Zwettl
Knogl
Kl. Frauenmies
Dorfmüllerberg
Langschlag
Schwarzenberg
Frauenmies
0
500 m
1km

Am Stierberg bei Bruderndorf.

geradeaus über den Bach, danach südwärts den Steinbachgraben an seiner östlichen, später der westlichen Talflanke entlang aufwärts zu einer Verzweigung (Unterstand). Auf dem rot bez. Weg nach links über den Bach, die Flanke empor zu einer Forststraße und auf dieser scharf nach links zu großer Wiese. Über diese aufwärts zum Steinhof und weiter zur Trasse der **Schmalspurbahn (4)** mit querendem Weg danach. Auf ihm oberhalb der Bahntrasse nach rechts und quer durch die Südflanke des Sonnleithenberges aufwärts zum **Bruderndorfer Sattel (5)**, 815 m, an der Europäischen Wasserscheide.

Den von rechts einmündenden, asphaltierten Güterweg nach Südosten hinab zu einer Kreuzung oberhalb von **Bruderndorf (6)**. Links auf Güterweg nördlich um den Ort herum zu der nach Münzbach führenden Straße. Auf ihr hinauf zum Ortsende, dort auf dem Feldweg Nr. 55 nach rechts (Nordosten) über eine Anhöhe hinweg, danach durch Wiesen abwärts und rechts (südlich) um den Stierberg herum, schließlich auf Fahrweg zur Verzweigung vor dem Weiler **Stierberg (7)**. Über Felder rechts hinab in den bewaldeten dunklen Höllgraben mit den wilden Felsenformationen der **Teufelsmühle (8)** östlich am Elexenbach. Rechts über den Bach und nach Süden hinauf zu querendem Güterweg. Diesen kurz nach rechts, dann links ab (Pfeil) und auf schönem Fußweg Nr. 608 an den bewaldeten Abhängen des Zwettltales nach Südosten abwärts zur B 38 und auf ihr weiter zum **Bhf. Langschlag (9)**.

35 Johannesberg, 839 m, und Steinerne Stube, 786 m

3.15 Std.

Mit der Wünschelrute unterwegs

Die Umgebung von Großschönau gilt wegen ihrer landschaftlichen Schönheiten und der vielfältigen Tourenmöglichkeiten als eines der Wanderparadiese des Waldviertels. Wer den »Wünschelrutenweg« auf den Johannesberg begeht, kann dabei manch interessante, bisher unbeachtete Naturphänomene entdecken. Gegen Ende der Tour gelangt man zur Steinernen Stube, ein gewaltiger Fels-Trümmerhaufen, ein Spielplatz sagenhafter Riesen.

Ausgangspunkt: Großschönau , 681 m, Marktplatz (Bushalt, Parkplatz) an der Europäischen Wasserscheide.
Anforderungen: Einfache Wanderung auf guten Fahr- und Fußwegen.
Höhenunterschied: 320 m im An- und Abstieg.

Einkehr: Unterwegs keine. Ghf. Schönauer Hof in Großschönau (28 B., Mo. u. Di. Ruhetag, Tel. +43 676 7974178).
Hinweis: An der Wanderstrecke liegen über 100 geologische Störzonen und Wasseradern (Infotafeln). In Großschönau Verleih von Wünschelruten!

Vom Marktplatz in **Großschönau (1)** die Ortsstraße nach Westen hinauf zum Bioenergetischen Trainingszentrum, dann rechts ab und auf Asphaltstraße (»Wünschelrutenweg«) durch eine Siedlung zu querendem Güterweg bei mehreren Holzskulpturen. Auf ihm rechts haltend (links zum Sternzeichenpark), am Südabhang des Kreuzberges entlang, nach Westen zu einem romanischen **Steinkreuz (2)**, 12. Jh., und weiter zu einer Gabelung. Links auf

Die im Wald verstreut liegenden Felsklötze der Steinernen Stube.

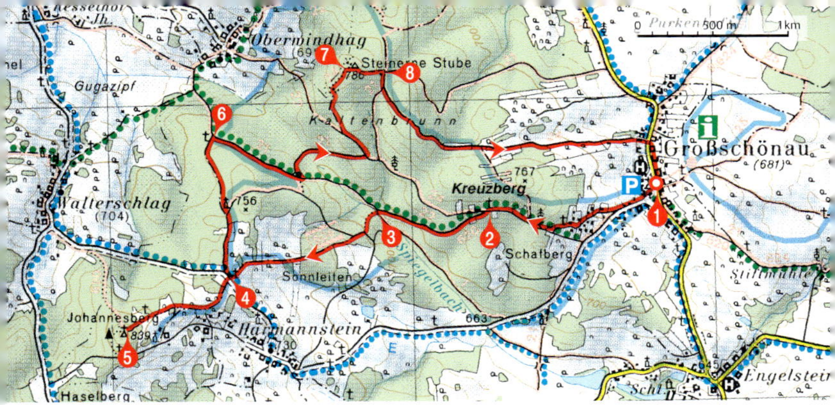

Forststraße im Wald nach Südwesten abwärts zur Verzweigung im Purkenbachgraben. Einen rot bez. Fußweg nach links hinab zum **Purkenbach (3)** und jenseits die Waldflanke empor zu einer Forststraße. Diese rechts haltend vorerst im Wald, dann an den typischen Waldviertler Streifenfluren der Sonnleiten entlang hinauf zu querender Straße mit **Wegkreuz (4)**. Auf dem schräg rechts gegenüber beginnenden rot bez. Güterweg nach Südwesten hoch, später eben zu den ersten Häusern von Harmannstein, 730 m. Dort rechts ab und am Wiesenrain entlang nach Westen hinauf zu einem Feldweg. Auf diesem am Bergrücken weiter, zuletzt steil empor zum Gipfel des **Johannesberges (5)**, 839 m (Bergkirche, Schalensteine, Unterstand mit Bänken).

Zurück zur Asphaltstraße von Harmannstein nach Walterschlag, die traversiert wird. Jenseits auf Fahrweg in Richtung Oberwindhag sanft nach Norden abwärts zur Verzweigung bei historischem Steinkreuz – **»Fleischhauerkreuz« (6)**. Auf Forststraße scharf nach rechts (Südosten) aufwärts zu neuerlicher Teilung. Links durch den Graben zwischen Johannesberg und Steinerner Stube in Ostrichtung zu staubfreier Straße und diese wiederum nach links zur Rechtsabzweigung des rot bez. Waldweges Nr. 24. Auf ihm nach Norden, später auf Steig links hinauf zur Kleinen Steinernen Stube und weiter zum Felslabyrinth der **Steinernen Stube (7)**, 786 m.

Den bez. Fußweg nach Osten hinab zu einer Verzweigung mit **Unterstand (8)**. Rechts entlang einer Forststraße, dann links ab durch das Waldgebiet »Kaltenbrunn«, vorerst in Südost-, dann in Ostrichtung abwärts, schließlich über Felder und Wiesen zur querenden Landesstraße (B 119) und diese rechts haltend nach **Großschönau (1)**.

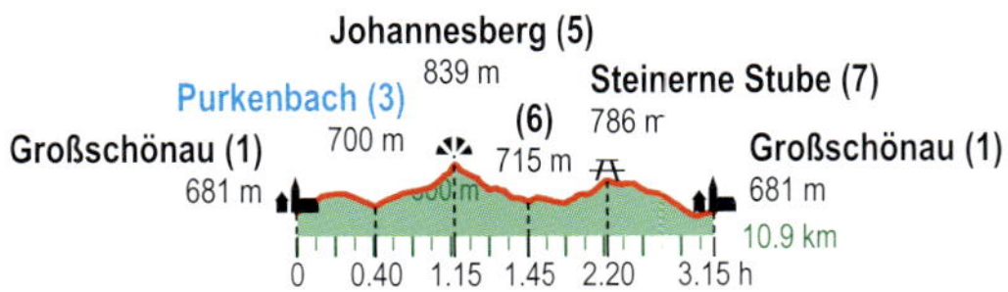

36 Warzenstein, 865 m

2.45 Std.

Ein Megalith im Wald von Harmanschlag

Inmitten einer chaotischen Felsarena an den Abhängen des Nebelsteins im nördlichen Waldviertel befindet sich der Titanenbecher des Warzensteins. Ihm werden eine Vielzahl von mystischen Eigenschaften und Heilwirkungen zugeschrieben. Neben Opferaltar, Sonnenspiegel, Ruhebecken oder einfach nur Badewanne ist wohl das ihm nachgesagte Vermögen, Warzen zum Verschwinden zu bringen, das für uns Naheliegendste. Der Überlieferung nach genügt es jedoch nicht, nur den bewarzten Finger oder Zeh in das kalte Wasser zu halten, nein, der Heilung suchende Wanderer muss zur Gänze in das Nass eintauchen und dort mindestens ein Vaterunser lang verweilen. Viel Vergnügen!

Ausgangspunkt: Weiler Stegmühle, 649 m (Bushalt und Parkplatz) an der Lainsitz, 1,5 km südlich des Ortes Harmanschlag.
Anforderungen: Einfache Wanderung auf bez. Wegen.
Höhenunterschied: 240 m im An- und Abstieg.
Einkehr: Ghf. Arrahof in Harmanschlag (21 B., Mo./Di. Ruhetag, Tel. +43 2857 2881). Unterwegs keine Einkehr!
Variante: Von Harmanschlag kann man über Edlau und das Friedental auch zum Nebelstein wandern.

Vom Weiler **Stegmühle (1)** die Straße in Richtung Harmanschlag 400 m nach Norden aufwärts zur **Abzweigung (2)** des Weges nach Edlau bei einem Bauernhof. Links die rot bez. Naturstraße durch Wiesen, Felder und Waldungen sanft nach Westen aufwärts in die große Wiesenmulde von **Edlau (3)**, die bei einer Häusergruppe erreicht wird. Scharf rechts ab und auf dem asphaltierten Güterweg Nr. 72 nach Osten empor in einen Sattel. Nach links (Westen) den nach Friedental führenden staubfreien Güterweg zu einer Waldparzelle mit Verzweigung. Auf Naturstraße (Weg Nr. 6) geradeaus sanft bergab, dann eben in das von Friedental nach Eisenwerk hinabziehende Waldtal zur **Kreuzung (4)** von Nord-Süd-Weitwanderweg 05 und Eisen-

Die wassergefüllte Felsschüssel des Warzensteins.

wurzenweg 08 (Bank, Abzweig Eisenwerk). Weiter entlang des Güterweges über einen Bach, danach durch Hochwald in weiten Kehren gegen den Bärenstein aufwärts. Nach der dritten Kehre (Linkskehre, Pfeil) rechts ab und auf rot bez. Fußweg steil nach Nordwesten empor zur Felsgruppe des **Warzensteins (5)**, 865 m (Naturdenkmal, keine Rundsicht), in dessen Mitte sich der wassergefüllte, übermannsgroße Megalith befindet.
Zurück zu den Weitwanderwegen 05 und 08. Auf rot und blau bez. Steig steil nach rechts (Süden) hinunter zu einem Querweg und auf diesem nach links zu einer Naturstraße. Auf dieser rechts haltend auf einer Brücke über einen Bach und weiter zu einem einsamen Gehöft. Rechts vom Bach abwärts zu den Wiesen von **Eisenwerk (6)**, 656 m, und dort zu einer Wegteilung. Links den Eisenwurzenweg 08 an der Lainsitz entlang nahezu eben nach Osten, später neben dem Mühlbach zurück zum Weiler **Stegmühle (1)**.

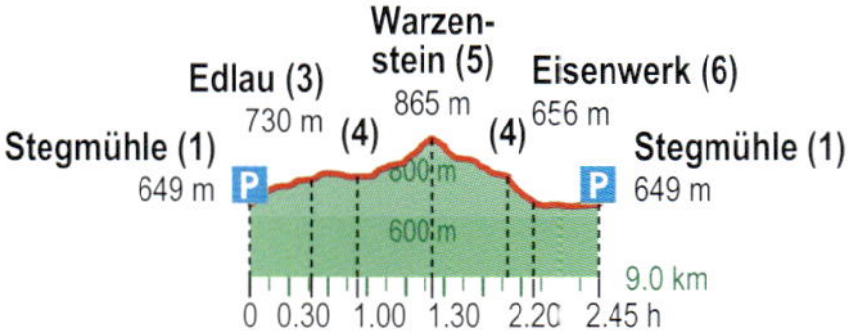

37 Nebelstein, 1017 m

4.00 Std.

Durch das »Tal des Friedens« zum Gipfel

Der Nebelstein ist Kreuzungspunkt der großen Weitwanderwege quer durch Europa. Auf seinem Scheitel warten eine komfortable Schutzhütte des ÖAV und ein aus mächtigen Quadern aufgetürmter Gipfelfels mit wunderschönem Panorama über Waldviertel und Südböhmen.

Ausgangspunkt: Harmanschlag, Brückenwaage, 719 m (Bushalt, Parkplätze).
Anforderungen: Einfache Wanderung auf gut bez. Wegen.
Höhenunterschied: 520 m im An- und Abstieg.

Einkehr: Nebelsteinhütte, 1010 m (8 B., 36 L., Anf. April bis Ende Okt. geöffnet, Mo./Di., im Juli/Aug. nur Mo. Ruhetag, Tel. +43 2858 5293, alpenverein.at/waldviertel), Ghf. Arrahof in Harmanschlag (21 B., Mo./Di. Ruhetag, Tel. +43 2857 2881).

Von der **Brückenwaage** in **Harmanschlag (1)** den rot bez. Güterweg Nr. 74 nach Westen aufwärts zu einem Wiesenrücken, jenseits hinab in eine Mulde und wieder hoch zur Wegteilung. Rechts über die Wiesen von Edlau eben in den Wald und bei der folgenden Weggabelung rechts haltend (links zweigt Tour 36 ab) empor zur idyllischen Wiesenmulde von **Friedental (2)**, 790 m. An alten Bauernhäusern vorbei nordwärts in den Wald und aufwärts zu querender Forststraße. Über diese hinweg weiter bergan zu einem flachen Bergrücken. Dort auf schönem Waldweg in Nordrichtung eben zu einer Wiese und über diese abwärts nach **Althütten (3)**, 835 m. Auf der Nebelsteinstraße

Harmanschlag liegt verträumt am Südabhang des Nebelsteins.

nach links (Norden) durch die Streusiedlung zu einer Rechtskurve, dort geradeaus hinauf zum Himmelreich und wiederum zur Nebelsteinstraße. Auf ihr 200 m nach links zu einem **Parkplatz (4)** und auf breitem Weg nach rechts (Nordosten) empor zur Nebelsteinhütte, 1010 m. Hinter der Hütte befindet sich der über eine Stiege erreichbare mächtige Gipfelfels des **Nebelsteins (5)**, 1017 m, Kruzifix. Von der Hütte den Serpentinensteig Nr. 10 über Granitblöcke und durch Wald steil nach Südosten hinunter auf ein Hochmoorplateau und dort zur Nebelsteinstraße. Von ihr gleich wieder links ab und auf Forststraße ostwärts zu einer **Teilung (6)**. Rechts auf Weg Nr. 70 und 620 in Ostrichtung bergab, später im weiten Bogen nach Südosten hinunter nach **Rörndlwies (7)**, 700 m. An den Höfen vorbei nach Osten aufwärts zu querender Asphaltstraße (Kapelle, Bushalt) und diese 450 m nach links (Nordosten) zur Rechtsabzweigung der **Forststraße (8)** auf den Wachberg. Die Forststraße (Weg Nr. 75) scharf rechts ab (Südwesten) und aufwärts zu einer Linkskehre. Dort gerade weiter auf rot bez. Waldweg nach Süden empor in den **Sattel (9)** zwischen Wachberg und Dachlstein. Jenseits durch Wald im weit ausholenden Rechtsbogen um den Dachlstein herum und vorbei am Mariensitz abwärts zurück nach **Harmanschlag (1)**.

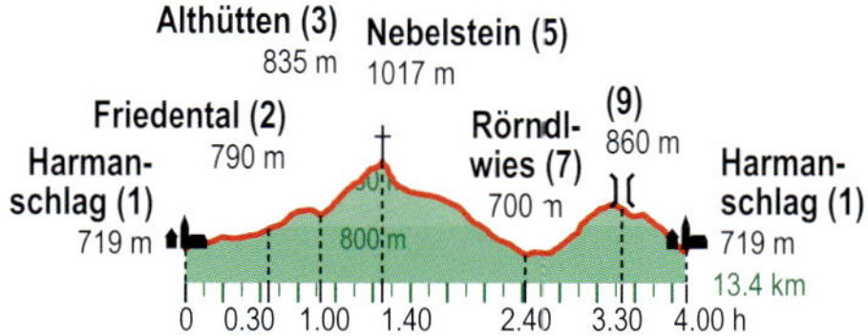

38 Große Weitra-Runde

4.30 Std.

Über St. Wolfgang und durch den »Graben« nach Weitra

Die Wanderung ist gespickt mit zahlreichen Höhepunkten: die genussvolle Etappe durch den Stockinger Wald zur großen Wallfahrtskirche von St. Wolfgang, der »Graben«, ein steiler Abschnitt des Lainsitztales zwischen Roßbruck und Schützenberg, der Opferstein mit seinen geheimnisvollen Blutrinnen und das liebliche Gabrielental am Rande der Braustadt Weitra.

Ausgangspunkt: Bhf. Weitra, 575 m (Bushalt, Parkplatz). Anfahrt mit der Waldviertler Schmalspurbahn ab Gmünd (Tel. +43 2742 3609901000, waldviertelbahn.at).

Anforderungen: Leichte Wanderung auf teilweise asphaltierten Wegen.

Höhenunterschied: 290 m auf und ab.

Einkehr: Haubnerwirt in St. Wolfgang (12 B., Mo. Ruhetag, Tel. +43 2856 2356, haubnerwirt.at), mehrere Gasthöfe in Weitra.

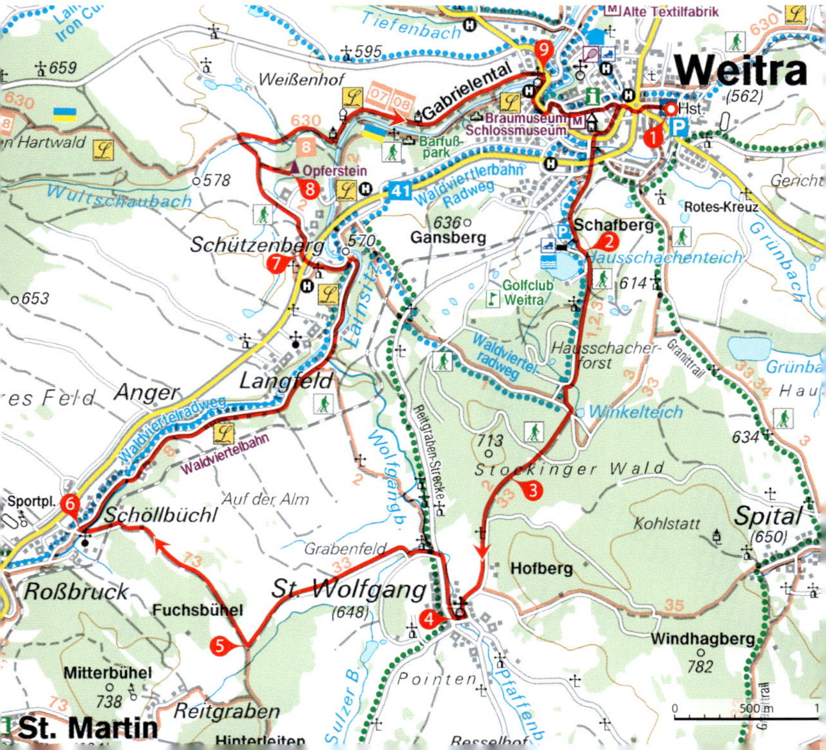

Bürgerhäuser am Stadtplatz von Weitra.

Vom **Bahnhof Weitra (1)** durch die Bahnhofstraße in Richtung Altstadt zum Kreisverkehr. Links die alte Straße in Richtung Wultschau nach Süden in das Grünbachtal, dort links ab und unter der Umfahrung durch, dann aufwärts (Pfeil) in eine Allee. Nach dem großen Bahnviadukt erreicht man den idyllischen **Hausschachenteich (2)** mit Freibad und Restaurant. Auf Forststraße am Ostufer entlang und aufwärts zu riesiger Eiche mit Bildstock. Geradeaus empor auf eine Hochfläche mit Verzweigung und links haltend weiter in Südrichtung zum Winkelteich. Am Seeufer rechts ab in ein Waldtal und dort in Südwestrichtung auf verwachsenem rot bez. Weg (Nr. 2), eine Forststraße kreuzend, eben durch den **Stockinger Wald (3)**, dann nach Süden abwärts nach **St. Wolfgang (4)**, 648 m. Vom Ortszentrum die Straße in Richtung Weitra 400 m nach Norden zur Brücke über den Pfaffenbach. Vor dieser links ab, danach nach rechts über den Sulzer Bach. Jenseits nach Westen aufwärts und am Waldrand entlang zum querenden **Reitgrabenweg (5)**, bei einem alten Hochstand. Auf Feldweg Nr. 73 (Reitgrabenweg) scharf rechts in nordwestlicher Richtung über eine bewaldete Hügelkuppe zu den Gehöften oberhalb von Schöllbüchl und auf asphaltierter Straße erst über die Gleise der Waldviertler Schmalspurbahn, dann hinab nach **Schöllbüchl (6)**, 615 m, im Tal der Lainsitz. Nun rechts, auf dem asphaltierten Fahrweg Nr. 8 entlang der Lainsitz durch den »Graben« in Nordostrichtung sanft abwärts nach Schützenberg. Dort links die alte Straße nach Westen zur »Waldviertler Europabrücke« und unter ihr durch in den oberen Ortsteil von **Schützenberg (7)**. Auf Dorfstraße (Nr. 8) nach rechts, dann links (Pfeil) aus dem Ort und auf Feldweg zum Waldrand. Auf dem dort abzweigenden Fußweg rechts (Osten) zum **Opferstein (8)**. Zurück zum Feldweg und auf ihm nach rechts (Norden) zur Brücke über den Wultschaubach. Rechts ab und entlang der Wultschau nach Osten bis zur **Bürgerspitalkirche (9)** in Weitra. Auf Straße nach rechts über die Lainsitz, dann links hinauf zum Stadtplatz und durch das Stadttor zum **Bahnhof (1)**.

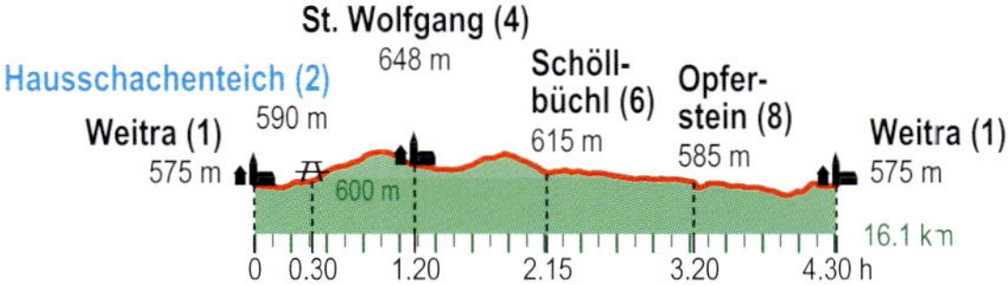

TOP **39** # Mandelstein, 874 m

4.30 Std.

Der »Erlebnisweg« über den Hausberg der Weitraer

Die Felsburgen an Mandelstein, Kudelring und Schinderberg, der Weg der Diebe (»Diabsweg«) entlang der tschechisch-österreichischen Grenze, das Hölltor, das Haus des Henkers (»Würgelhäusl«) – dies sind nur einige der Sehenswürdigkeiten am »Erlebnisweg« über den Mandelstein.

Ausgangspunkt: Heinrichs bei Weitra, 588 m (Bushalt, Parkplatz).
Anforderungen: Einfache Wanderung auf gut bez. Fahr- und Fußwegen.
Höhenunterschied: 380 m im An- und Abstieg.
Einkehr: Ghf. Stangel in Heinrichs (Sa., So. und Fei. offen, Tel. +43 2856 8212). Unterwegs keine Einkehr!
Hinweis: Wer nicht den gesamten Weg gehen möchte, kann vom Mandelsteinparkplatz mittels Taxi Zeilinger (Tel. +43 2856 2310) nach Heinrichs zurückkehren. Zeitersparnis 2.30 Std.

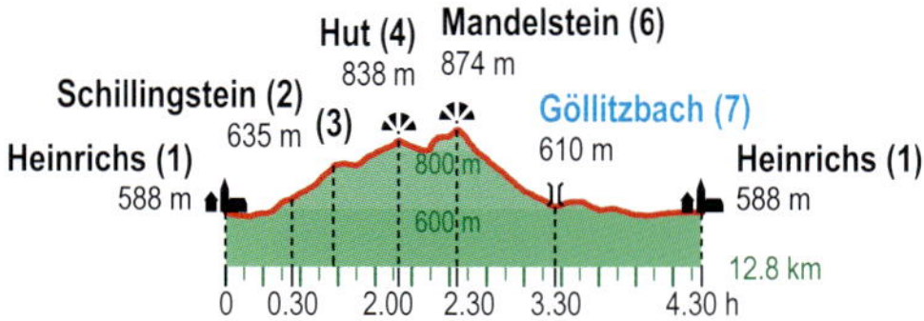

Vom Ghf. Stangel in **Heinrichs (1)** die Dorfstraße abwärts zum Friedhof am Ortsrand. Dort auf Güterweg (Rot-Punkt-Markierung) nach rechts, kurz danach wieder links ab und auf Fußweg (rote Zeichen) nach Norden zu einer Felsgruppe (Rutschstein, Frauenschuh). Den bez. Weg über Wiesen und durch Wald aufwärts zur Straße Heinrichs–Weitra und zum **Schillingstein (2)** am Straßenrand. Den Steig nach Süden hinauf zu den Felsblöcken der Steinmetze und dann zur Einmündung eines Weges von rechts (Nr. 07a). Auf diesem gerade weiter hinauf zum **Kuttlring (3)**, auch »Kudelring«, 752 m, einer Felsgruppe mit typischer Wollsackverwitterung. An Europas einzigem Doppelwackelstein vorbei nun in Westrichtung sanft abwärts in den Schanzgraben, danach etwas unübersichtlich und mühsam, aber gut bez., an der Steinwand vorbei, hinauf zum **Hut (4)**, 838 m, einem markanten Granitturm (Heinrichsblick). Eben nach Südwesten zu einem Aussichtspunkt und mehreren Schalensteinen, danach hinab in einen Sattel – **Mandelsteinparkplatz (5)**, 820 m – an der Straße von Heinrichs nach Harbach. Jenseits nach Südwesten hinauf zu einer Verzweigung und rechts haltend zu querendem Weg. Diesen wenige Meter steil nach rechts (Norden) hoch zur Gedächtniskapelle am Fuß der Gipfelfelsen. Über Absätze und Metallstege zum höchsten Punkt des **Mandelsteins (6)**, 874 m (Gedenkkreuz, Blick

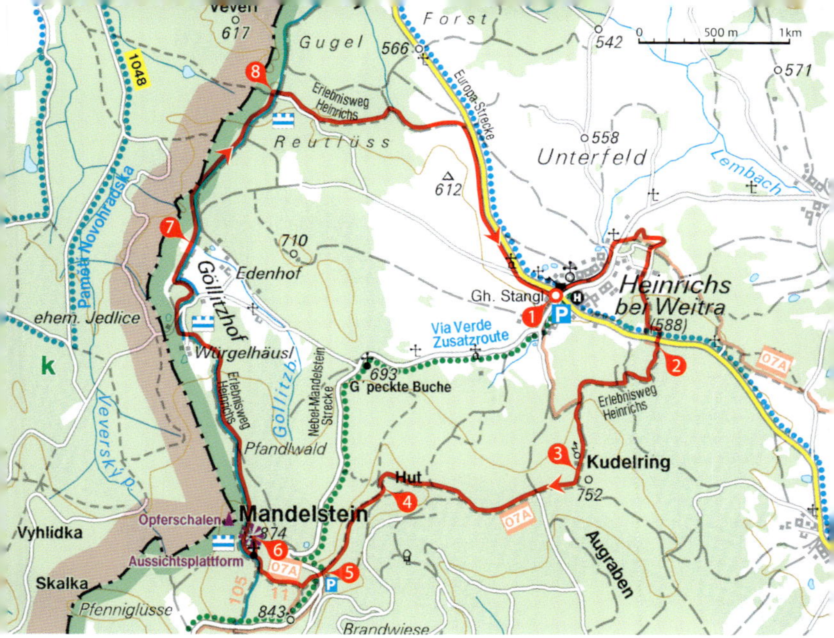

nach Südböhmen). Von der Gedächtniskapelle auf bez. Steig am Fuß der Gipfelfelsen nach Nordwesten hinab zum engen Mandelsteintor und auf dem »Diabsweg« durch Wald und über Wiesen hinunter zum Würgelhäusl (ehem. Haus des Henkers) und nach Göllitz, 626 m. Links aushole nd zu einigen Steinquadern aus der Rodungszeit und in den Graben des **Göllitzbaches (7)**. Jenseits nach Norden hinauf zur Staatsgrenze und weiter zum querenden **Piberschlägerweg (8)**. Diesen neben einem Bach nach rechts (Osten), später durch das felsige Hölltor und über Wiesen zur Straße Pyhrabruck–Heinrichs. Entlang dieser in südlicher Richtung zurück nach **Heinrichs (1)**.

Das »Würgelhäusl«, die Wohnstätte des ehemaligen Henkers.

40 Naturpark Terčino údolí

3.00 Std.

Parkwanderung im Theresiental

Unsere Schauwanderung durch den Landschaftspark Terčino údolí (Theresiental) vor den Toren der Stadt Nové Hrady (Gratzen) kann getrost auch mit Straßenschuhen und bei weniger gutem Wetter unternommen werden. Auf ihr wird der bereits 1756 angelegte Naturpark im engen Tal der Stropnice durchstreift, der mit üppiger, exotisch anmutender Vegetation, mit alter Mühle und Badehaus im Empire-Stil, mit Pavillons und gotischer Festung Cukněstejn sowie einem 10 Meter hohen Wasserfall aufwartet.

Ausgangspunkt: Nové Hrady, 540 m (Bushalt, Parkplätze), Stadtplatz.
Anforderungen: Leichte Wanderung auf gut beschilderten Promenadenwegen.
Höhenunterschied: 210 m im An- und Abstieg.
Einkehr: Gasthöfe in Nové Hrady und Údolí. Im Park die Pension Hamr (Hammermühle; Tel. +420 386 361293, novehrady-penzionhamr.cz) und die Wellness-Pension Tereziiny Lázničky im ehem. Wenzelsbad (Tel. +420 777 724567, penzion-laznicky.cz).
Hinweis: Beginn der Wanderung auch vom Parkplatz in Udoli/Niedertal (Naturparkeingang). 50 Min. Zeitersparnis.

Vom Stadtplatz in **Nové Hrady (1)** eben nach Westen zur gotischen Burg und durch deren Innenhof zum Westtor. Jenseits des Burggrabens links entlang der Außenmauern (rote Zeichen) abwärts zu einer Verzweigung. Auf Steig im Wald scharf rechts hinab zu querender Straße im Ortsteil **Údolí/Niedertal (2)**, 485 m. Nach links über die Brücke des Gratzenbaches und dort zum Naturpark-Eingang (Parkplatz, Info-Tafeln) gegenüber der ehemaligen Brauerei. Auf grün bez. Weg über die Stropnice (weiß getünchte Holzbrücke), dann über Wiesen, an alten Baumriesen vorbei, auf Promenadenweg zur ehem. **Hammermühle (3)**, Pension Hamr. Das gewundene, sich allmäh-

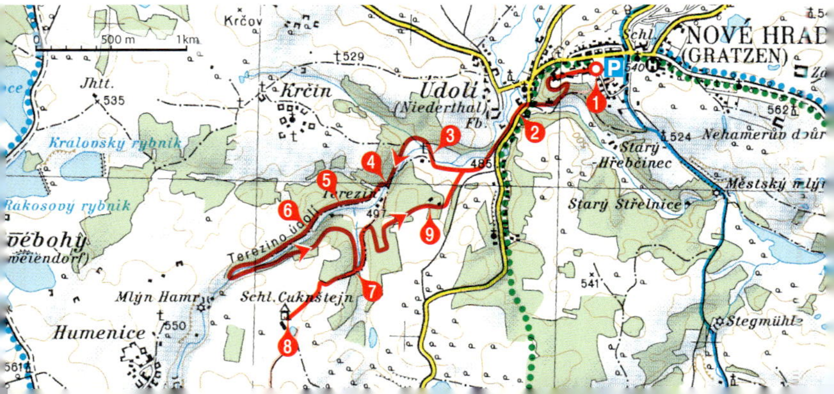

Die gotische Burgfeste Cuknštejn im Naturpark Terčino údolí.

lich verengende Tal weiter zum **Wenzelsbad (4)**, Pension Terezčiny Lázničky. Dort über den Bach und jenseits durch das Waldtal weiter flussaufwärts zur Brücke beim **Blauen Haus (5)**, derzeit Ruine. Nach einem kurzen Wegstück am Südufer gelangt man über eine Brücke zur Talweitung gegenüber einem 10 m hohen **Wasserfall (6)**, 500 m. Das enge Tal am Nordufer weiter flussaufwärts, später über eine Brücke an das Südufer und dort hoch über dem Bach das Waldtal wieder talabwärts bis zu einem von Süden her einmündenden Seitental. Dieses am Rande einer Wiese talaufwärts zu einer **Wegteilung (7)**. Bei dieser rechts ab und auf rot bez. Weg durch Wald nach Südwesten hinauf zu einem kleinen Teich und zu der von einem Wallgraben umgebenen **Feste Cuknštejn (8)**, 550 m, keine Besichtigung. Zurück zur erwähnten Wegteilung und gerade fort zu einer Wiese. An ihrem rechten Rand eben nach Norden zu einer Verzweigung. Rechts ab und in einer Wegschleife durch Wald hinauf zu querendem Güterweg. Auf ihm links in Nordostrichtung zu einem Weiher, danach zum **Schweizer Haus (9)**. Rechts an ihm vorbei zur nächsten Wiese und diese nordwärts hinab zum bereits begangenen Promenadenweg östlich der Hammermühle. Weiter auf bekanntem Weg zurück nach **Nové Hrady (1)**.

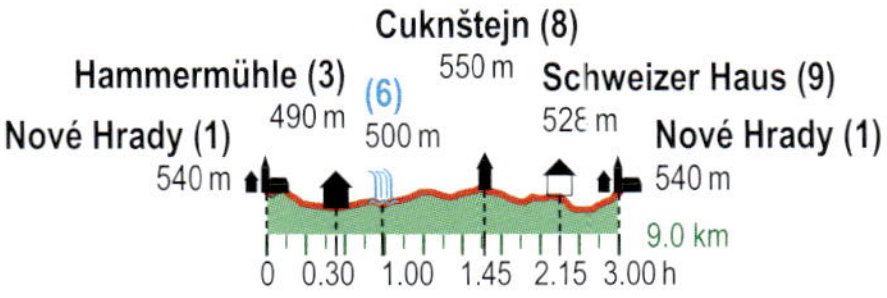

41 Vysoká, 1030 m, Kraví hora, 958 m, und Kuní hora, 926 m

4.45 Std.

Zum Dreigestirn des Gratzener Berglandes

Die herrlichen Nadelwälder um Dobrá Voda und Hojná Voda bergen unerwartet schroffe Felsformationen. Auf den alten Wanderwegen der früheren Luftkurorte können der gewaltige Napoleonskopf, die luftige Aussichtswarte auf der Kraví hora, die Granitblöcke der Kuní hora und auf dem »schlafenden Riesen« Vysoká die ältesten Urwälder Europas bestaunt werden.

Ausgangspunkt: Hojná Voda/Heilbrunn, 791 m (Bushalt, Parkplatz).
Anforderungen: Einfache Wanderung auf gut bez. Wegen. Am Anstieg auf die Kraví hora ist Trittsicherheit nötig!
Höhenunterschied: 560 m im An- und Abstieg.
Einkehr: Gasthöfe in Hojná Voda (Hotel Hojná Voda, Penzion Pod kaštany). Unterwegs keine Einkehr!
Varianten: Vysoká (2.30 Std.), Kraví hora und Kuní hora (2.15 Std.) können als jeweils eigenständige Tour von Hojná voda aus bestiegen werden. Mit Kindern wird besonders die kleine Runde über die Kraví hora empfohlen. An der Kuní hora zweigt der rot bez. Höhenweg durch das Gratzener Bergland ab, der über Cikánský vrch (804 m) und Zaječi vrch (780 m) nach Benešov führt. Zusätzlicher Zeitaufwand 3 Std. Busrückfahrt über Horni Stropice nach Hojná Voda.

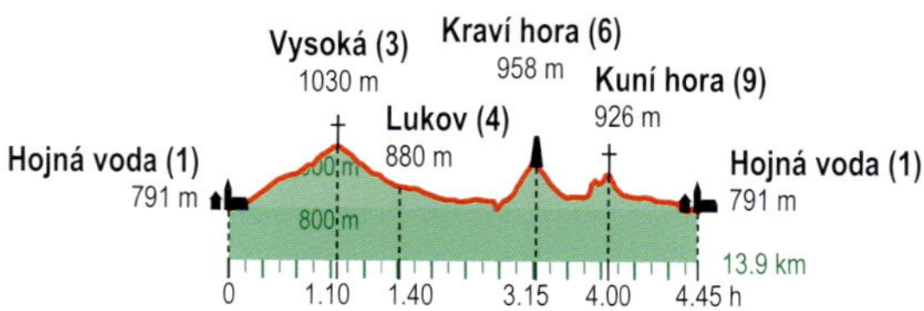

Von **Hojná Voda (1)** die Dorfstraße nach Südwesten aufwärts zur Nepomukstatue. Links ab und auf asphaltiertem rot-weiß bez. Fahrweg nach Süden, dann ostwärts über Felder sanft bergauf zum Waldrand (Infotafel). Die Forststraße weiter in Ostrichtung zur Verzweigung nach einer Rechtskurve. Nun auf Naturstraße in Südrichtung durch Wald hinauf zur nächsten **Gabelung (2)**. Scharf links ab und auf Weg (rot/weiß bez.) nach Osten aufwärts in eine Jungwaldzone. Auf Fußweg geradeaus zur Nordostflanke des Berges. Dort in Südostrichtung auf altem, gut angelegtem Wanderweg durch die verblockte und steil abfallende Bergflanke aufwärts, später um einen Felskamm rechts herum und zwischen Granitblöcken hindurch westwärts auf ein Waldplateau mit Verzweigungspunkt mehrerer Forststraßen. Geradeaus nach Südwesten empor auf die dicht bewaldete Gipfelkuppe (zahlreiche, isoliert aufragende Felsblöcke) und über eine Holzleiter auf den Gipfel der **Vysoká (3)**, 1030 m (Kruzifix), wenig südlich des Weges.

Auf rot-weiß bez. Fahrweg die bewaldete Südwestflanke der Vysoká in weiten Schleifen abwärts zu einer Forststraße und diese weiter bergab zu querender Asphaltstraße bei **Lukov (4)**, 880 m. Die Straße nach rechts hinab zu großer Wiese und an ihr entlang, später eben durch Wald nach Norden zur Autostraße am Ortsbeginn von Hojná Voda.
Die Straße wenige Meter nach links zur Sattelhöhe (Marterl) und rechts haltend zu einem **Parkplatz (5)**. Auf Güterweg westwärts in den Wald, dort bei Verzweigung (Pfeil) rechts ab und auf grün bez. Fußweg in Nordrichtung durch eine Felszone steiler hoch zu einem Absatz am Südrücken des Berges. Über den Rücken (Felsblöcke, Windbrüche) aufwärts, dann über Schro-

Der wuchtige Napoleonskopf an der Kraví hora.

fen zum Felsgebilde Napoleonova hlava (Napoleonskopf). Nun über die Gratfelsen (Handhilfe erforderlich) zum höchsten Punkt der **Kraví hora (6)**, 958 m (Unterstandshütte, Aussichtsturm). Die Plattform am Aussichtsturm ist über eine Wendeltreppe (Schwindelfreiheit nötig!) zu erreichen. Blick über das Gratzener Bergland und die Wittingauer Seenplatte.
Auf breitem, grün bez., mit Steinen ausgelegtem Weg nach Nordwesten hinunter zu einer Wegkreuzung. Links den rot bez. Güterweg hinab in den weiten **Sattel (7)** zwischen Kraví hora und Kuní hora. Jenseits rechts haltend auf Karrenweg quer durch die Nordostflanke der Kuní hora an den **Nordkamm (8)** des Berges. Scharf nach links und auf Steig durch die blockreiche Flanke steil nach Süden empor zum Vorgipfel und durch eine Senke auf den felsigen Hauptgipfel der **Kuní hora (9)**, 926 m. Auf unbez., aber gutem Weg (nach rechts zweigt die Variante nach Benešov ab) in Südostrichtung abwärts zu querendem Karrenweg. Auf diesem links eben über eine Wiese nordwärts in den **Sattel (7)** zwischen Kraví hora und Kuní hora. An der östlichen Seite des Sattels rechts auf Güterweg (Pfeil) durch Wald nach Südosten hinab zum **Parkplatz (5)** am Waldrand und zur querenden Landstraße. Auf ihr nach links zurück nach **Hojná Voda (1)**.

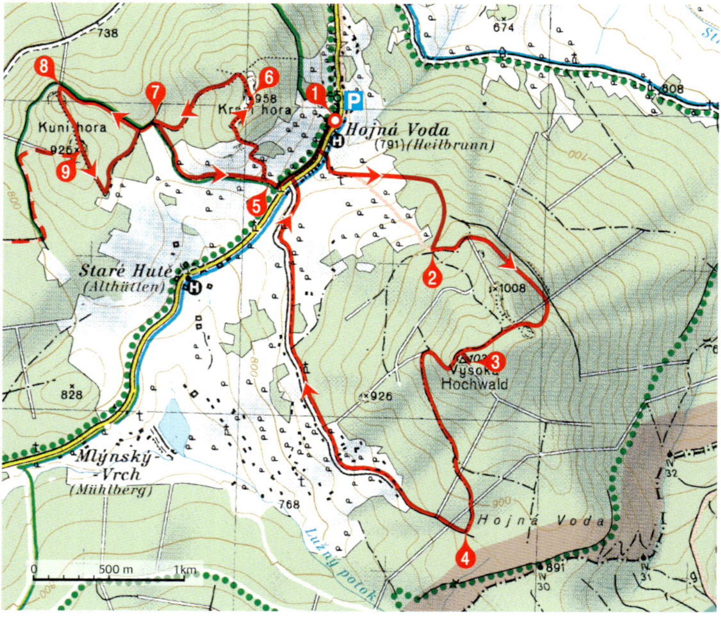

4.45 Std.

Vysoký kámen, 864 m, und Kohout, 869 m

42

»Hahn und Henne« im Hühnergebirge

Das Hühnergebirge, nordwestlich von Benešov nad Černou (Beneschau), gehört zu den weniger geläufigen und damit kaum überlaufenen Gegenden Südböhmens. Der von dichten Wäldern bedeckte Vysoký kámen ist ein schroffer Granitberg, der auf gut angelegten Felswegen leicht erreicht werden kann. Vom Nachbargipfel Kohout (»Hahn«) führt ein herrlicher Wanderweg über das Almdorf Daleké Popelice (Dalleken) und durch die weiten Blumenwiesen von Dluhoště (Ottenschlag) zurück nach Benešov.

Ausgangspunkt: Benešov nad Černou, 661 m, Hauptplatz (Parkplätze, Bushalt).
Anforderungen: Lange, aber einfache Wanderung auf gut bez. Wegen.
Höhenunterschied: 510 m im An- und Abstieg.
Einkehr: Gasthäuser in Benešov, Imbisse in Dluhoště. Unterwegs keine Einkehrmöglichkeit.
Hinweis: Der wenige Meter hohe Gipfelfelsblock des Vysoký kámen kann in leichter Kletterei bezwungen werden.

Vom Stadtplatz in **Benešov (1)** die Straße nach Westen aufwärts zu einem Bildstock. Rechts ab und auf rot und gelb bez. Weg aus dem Ort zur Wiesenkuppe **Svatý vít (2)**, 680 m. Bei einem Freileitungsmast rechts ab und auf Karrenweg in Nordwestrichtung über eine Anhöhe hinab in die Streusiedlung **Prédlesí-Kamenice (3)**, 690 m. Auf Straße nordwärts durch Wiesen und Wald zu einer **Verzweigung (4)**. Rechts ab und auf rot bez. Fußweg, einen Güterweg kreuzend, nach Nordwesten hoch zu mächtigen Felsaufschwüngen. Auf gutem Steig nach Nordosten steil empor auf einen Felsrücken und über ihn zu einer Schulter mit Karrenweg. Von ihm gleich wieder rechts ab und hinauf zu einem Aussichtspunkt mit schönem Blick über das Gratzener Bergland. Durch Wald in Nordrichtung weiter aufwärts zur Granitburg des **Vysoký kámen (5)**, 864 m (auch Slepice = Henne).
Auf rot bez. Steig den felsübersäten Gipfelrücken (Windbrüche) eben, aber etwas mühsam nach Norden zu einem Aussichtspunkt. Rechts auf Steig im Wald abwärts, dann links auf Karrenweg in Westrichtung hinab in einen Sat-

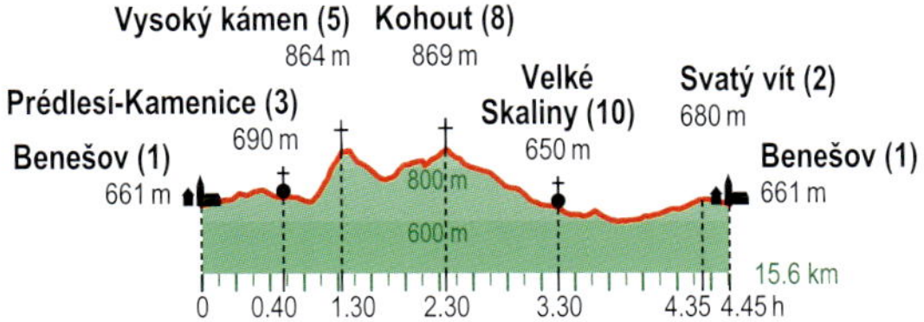

Der Ort Benešov zwischen Gratzener Bergland und Hühnergebirge.

tel. Rechts haltend eine Waldflanke querend, vorerst in Nord-, dann in Ostrichtung hinunter zu einer Kreuzung und auf Güterweg nach rechts in den Sattel **Myslivna pod Kohoutem (6)**, 765 m, mit Forsthaus und Pension am nördlichen Wiesenrand. Auf gelb und rot bez. Weg nach Norden einen Waldrücken empor und westwärts eben zur Wegkreuzung **Sedlo Kohoutu (7)**, 811 m, mit Bank. Geradeaus den grün bez. Güterweg empor auf den Gipfel des **Kohout (8)**, 869 m (Umsetzeranlage, alte Grenzsäule, kein Rundblick).

Zurück zur **Sedlo Kohoutu (7)** und dort auf rot bez. Güterweg scharf nach rechts (Südwesten) hinab zur Almsiedlung **Daleké Popelice (9)**, 730 m. Auf Asphaltstraße durch Wiesen in Südwest-, dann in Südrichtung abwärts zur Straßenkreuzung (Kapelle, Bank) in **Velké Skaliny (10)**. Links auf gelb bez. Karrenweg nach Südosten hinab über einen Bach, danach durch eine Wiesenmulde auf einen Bergrücken und jenseits hinunter nach **Dluhoště (11)**, 603 m. Die querende Asphaltstraße links (Nordosten) durch den Ort und nach einer Brücke rechts empor zu einer lang gestreckten Wiese. An ihrem linken Rand auf Fußweg nach Südosten aufwärts auf die Kuppe **Svatý Vít (2)** und auf bekanntem Weg zurück nach **Benešov (1)**.

43 Hoheneicher Teichrunde

2.30 Std.

Geruhsames Wandern im Reich der Waldviertler Teichplatte

Die ausgedehnte Teich- und Moorlandschaft (»Ramsar-Feuchtgebiet«) von Pürbach-Hoheneich kann auf dieser abwechslungsreichen Runde erkundet werden, die an sieben großen Fischteichen vorbei wieder zurück zum Startplatz in Hoheneich führt. Etwas Orientierungssinn ist auf dieser unmarkierten und unbeschilderten Runde allerdings vonnöten.

Ausgangspunkt: Hoheneich, 521 m, Marktplatz (kostenfreie Parkplätze, Bushalt Linie 741 Gmünd–Schrems–Litschau bzw. Linie 752 Gmünd–Süßenbach bei Vitis, beide nur Mo. bis Fr.).
Anforderungen: Einfache Wanderung auf weder markierten noch beschilderten Fahrwegen.
Höhenunterschied: 60 m im An- und Abstieg.
Einkehr: Verocafé (keine Nächtigung, täglich geöffnet, Tel. +43 664 5824247, verocafe.at) im Ortszentrum von Hoheneich. Jausenstation beim Freibad Hoheneich (bei Badebetrieb geöffnet).
Hinweis: Besondere Vorsicht beim Überqueren der Gleise der Franz-Josefs-Bahn!

Vom Marktplatz in **Hoheneich (1)** die Bahnstraße Richtung Nondorf zur **Linksabzweigung (2)** einer Naturstraße gleich nach der Ortsendetafel (Fahrverbotstafel). Auf ihr nach Osten abwärts zu brettebener Wiese mit Verzweigung. Die Straße rechts haltend nach 100 m zu einer Gabelung. Auch dort rechts und die angegrünte Straße ostwärts durch Wald eben zu einer Querstraße (auf ihr links zum Holzteich). Diese rechts haltend zu scharfer Linkskurve, danach in Nordostrichtung zu einem unbenannten Teich (mit Hütte) und an ihm vorbei zur **Verzweigung »Blauer Spitz« (**Fischerhütte) am Westufer des **Ullrichsteichs (3)**, 510 m.

Rechts auf Fahrweg 100 m eben nach Süden zu einer Gabelung. Auf Güterweg links ab und durch Wald in Südostrichtung weiter, dann teils im hohen Gras weglos über das Gleis (Vorsicht!) der Franz-Josefs-Bahn zu querendem Fahrweg, der traversiert wird. Jenseits auf Forststraße (an einer Verzweigung rechts!) in Südostrichtung sanft bergauf, später eben und über den Damm zwischen **Karfreitagsteich** und **Edlauteich (4)** zu einer Gabelung, 540 m. Rechts haltend in Ufernähe des Edlauteichs in Ostrichtung weiter und aufwärts zum Verzweigungspunkt an der **Lichtung »Hofstätten« (5)**. Scharf links ab und auf Forststraße durch Wald in Nordrichtung sanft abwärts, dann zwischen Amtwiesteich und Althöllteich hin durch zur einer **Querstraße (6)**. Auf ihr rechts und über den Damm des Althöllteichs zu einer Verzweigung. Links auf Fahrweg eben nach Nordwesten wieder zum Gleis der Franz-Josefs-Bahn, das traversiert wird (nicht weiter dem links der Bahn entlang führenden Fahrweg folgen!). Jenseits (Schranke) zur Fortsetzung des Fahrwegs und auf ihm nordwärts zur **L 8205 (7)** zwischen Pürbach und Hoheneich. Die Straße 400 m nach links zu einer Verzweigung. Links ab und auf Naturfahrweg (Fahrverbotstafel) 150 m nach Süden zu einem Jägerstand, dort nach rechts (Westen) zu querender Forststraße, diese nach links zum Ullrichsteich und dort über den Damm zur bekannten **Verzweigung »Blauer Spitz« (3)**. Richtung Hoheneich 50 m nach Westen zu einer Teilung. Halb rechts auf Fahrweg in schöner Wanderung durch Wald vorerst west-, dann nordwärts zum **Freibad Hoheneich (8)** am Westufer des **Mitterteichs**. Über den Damm und kurz bergauf zur L 8205 zwischen Pürbach und Hoheneich. Auf ihr 100 m nach links zur Verzweigung bei zwei Birken und dem Gedenkstein »Kinibild«. Rechts ab und auf der Asphaltstraße westwärts durch Wiesen und Felder sanft bergauf in das Ortsgebiet von Hoheneich. Dort den Hoffeldweg zur kreuzenden Lindengasse, dann durch die Braunaustraße zur querenden Pürbacher Straße und jenseits die Schwalbengasse steil hoch zum Marktplatz in **Hoheneich (1)**.

Am Ullrichsteich der Hoheneicher Seenplatte.

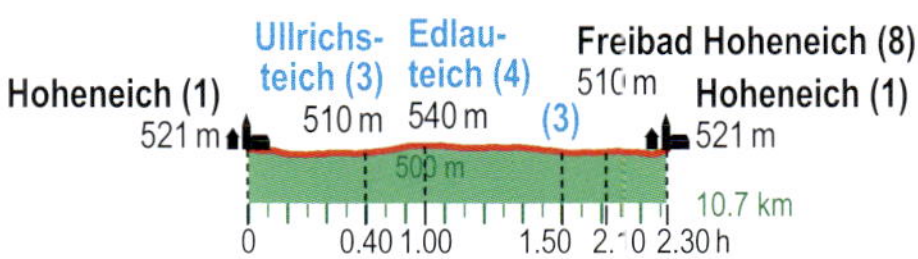

TOP 44 Naturpark »Blockheide Eibenstein-Gmünd«

1.45 Std.

Alle Schönheiten des Waldviertels vereint

Es gibt nichts im Blockheidepark, was sich nicht auch anderswo im Waldviertel fände! Buntes Heidekraut, skurril geformte Felsblöcke, Fischteiche und malerische Birkenbestände: Sie sind nun einmal Charakteristika dieser nordisch anmutenden Plateau- und Granitlandschaft im nördlichen Niederösterreich. Doch nur selten gibt es das alles auf einem Fleck, so konzentriert und auf so engem Raum vereint wie in diesem Naturpark bei Gmünd und Eibenstein. Klar, dass hier eine Würdigung dieser wohl beliebtesten Waldviertel-Wanderung nicht fehlen darf, führt sie doch mühelos und wie im Zeitraffer eine der schönsten Landschaften Europas vor Augen.

Ausgangspunkt: Großeibenstein, 480 m, Großparkplatz (Bushalt Linie 740 Gmünd–Litschau Mo.–Sa.).
Anforderungen: Leichte, bequeme Wanderung auf bez. Promenadenwegen.
Höhenunterschied: 100 m.
Einkehr: Jst. Schutzhaus Blockheide (Öffnungszeiten siehe schutzhaus-blockheide.at, Tel. +43 676 6707004). Latschenhütte (Mai bis Sept. täglich geöffnet, Okt. bis April Do. Ruhetag, Tel. +43 2852 54579 und +43 664 5160531, latschenhuette.com). Gasthaus »Zur Blockheide« in Großeibenstein (Di. Ruhetag, Tel. +43 2852 53182 und +43 664 2796555). Ghf. Traxler »Schüsselwirt« in Grillenstein (Mo. Ruhetag, Tel. +43 2852 52728, gasthaus-schuesselwirt.at).
Hinweis: Die Wanderung kann bei gleichem Zeitaufwand auch von dem am Stadtrand von Gmünd gelegenen Ortsteil Grillenstein (ca. 2 km südlich von Großeibenstein) unternommen werden.
Tipp: Informationen über den Blockheidepark unter Tel. +43 680 5062837 und +43 2852 20984.

Vom Parkplatz in **Großeibenstein (1)** die Großeibensteiner Straße südostwärts durch den Ort, dann links die Blockheidestraße nach 100 m zum Eingang 2 in den Blockheidepark. Auf bez. Fahrweg eben fort und aufwärts (rechts Wackelstein und Koboldsteine) zur **Gmündner Höhe (2)**, 519 m, mit Jausenstation, Spielplatz und Aussichtsturm. Jenseits hinab zum **Blockheideteich** mit der Hubertuskapelle und am rechten Ufer zu einer Teilung. Links am Südufer des Teichs ostwärts zu neuerlicher Verzweigung und dort rechts zum **Geologischen**

Der charakteristische Christophstein im Südteil des Blockheideparks.

Freilichtmuseum (3) – Anschliffe der wichtigsten Waldviertler Gesteinsarten –, danach auf Fahrweg nach links zur Teilung beim Schwedenkreuz. Nun nach rechts zu den **Teufelssteinen** (Teufelsbett, Teufelsbrotlaib, Schullerstein) genau am Meridian 15 Grad östlicher Länge. Auf bez. Fußweg südwärts über Wiesen zu einem Fahrweg und diesen links haltend, nordostwärts, zum mächtigen **Christophstein** am Waldrand. An der folgenden Teilung (links der »Granitbearbeitungslehrpfad«) den Waldweg nach rechts zu den beiden Mondteichen (mit der »Steinmetz-Unterstandshütte«). Nun in Nordrichtung zu einem Fahrweg und diesen links zur Verzweigung beim Jägerkreuz. Auf Fußweg nach rechts aufwärts zum originellen **Pilzstein (4)**, danach zum Fahrweg Nr. 5b. Auf ihm zum Standort des früher größten Granitsteins der Heide, der 1897 gesprengten »Lutherischen Kirche« und zum Kirchenwaldsteinbruch. Geradeaus zu einer Forststraße und diese links haltend nach **Großeibenstein (1)**.

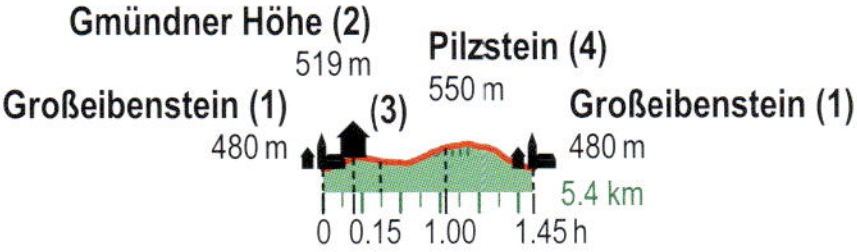

45 Naturpark »Schremser Hochmoor«

1.45 Std.

Rundweg durch eine charakteristische Moorlandschaft

Das durch den Abbau einer besonders feinkörnigen Granitsorte berühmte Städtchen Schrems besitzt in seinen Teich- und Moorgebieten eine für das Waldviertel typische Landschaftsform. Ein Besuch des Schremser Hochmoores vermittelt Einblicke in die Kunst der Torfstechens und bringt als Höhepunkt die Besteigung eines preisgekrönten architektonischen Unikums, der »Himmelsleiter«: Eine von mächtigen, in den Boden gerammten Baumstämmen getragene Treppe, die auf eine Aussichtsplattform führt, von der man das weitläufige Parkgebiet überschaut.

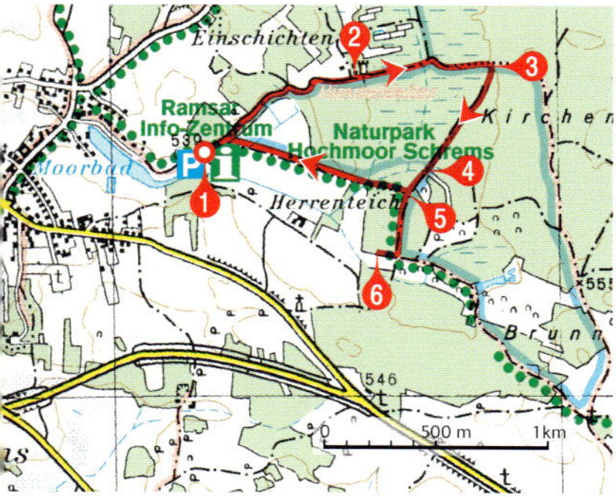

Ausgangspunkt: Schrems, 532 m (Bushalt Linie 726 Zwettl–Schrems nur Mo. bis Fr., Parkplätze), Großparkplatz Schremser Moorbad, 539 m, beim Ausstellungszentrum Unterwasserreich, 1,5 km östlich der Stadt.

Anforderungen: Einfache Wanderung auf Fahr- und Fußwegen. Auch mit Kindern zu empfehlen.

Höhenunterschied: 20 m im An- und Abstieg.

Einkehr: Unterwegs keine Einkehr! Restaurant Schremser Moorbad (außer Juli und August Mi. Ruhetag, Tel. +43 2853 77483, moorbad-schrems.at). Café Unterwasserreich (unterwasserreich.at).

Tipp: Sehenswert ist das Ausstellungszentrum »Unterwasserreich« beim Schremser Moorbad mit Aquarien, Tiergehegen (Fischotter), Tier- und Pflanzeninformationen, von 1. April bis 5. Nov. geöffnet, Tel. +43 2853 76334, unterwasserreich.at.

Vom **Großparkplatz Schremser Moorbad (1)** auf gelb, rot, grün und blau bez. Fahrweg Nr. 22 (Routen 1, 2, 3) durch Wald und über Wiesen eben nach Nordosten zu einer Verzweigung. Rechts ab und auf Fußweg kurz durch Wald zur großen Lichtung bei der **»Himmelsleiter« (2)**, 540 m. An malerischen Birkenbeständen vorbei, ostwärts durch das Moorgelände weiter zu einer Teilung. Rechts (Routen 1 und 2) auf rot, grün und gelb bez. Weg ostwärts zum Biotop Moorlacke mit einem »Prügelsteg«. Durch Wald ostwärts zum **alten Schautorfstich (3)**, danach zur Linksabzweigung nach Langschwarza. Rechts haltend (Routen 1 und 2) nun in Südwestrichtung durch dichten Moorwald (mit Tümpeln) zur nächsten Teilung. Links den grün und gelb bez. Weg eben fort zum **neuen Schautorfstich (4)** mit neuerlicher Gabelung. Rechts haltend am rechten Rand einer Lichtung nach Südwesten zu querendem Fahrweg an der **Abzweigung (5)** des Fußweges zurück zum Moorbad. Wir aber folgen dem Fahrweg links haltend durch Wald eben nach Süden, später nach Westen zur Wiesenlichtung **»Grillplatz« (6)**, 544 m, mit Feuerstelle und Sitzgarnitur. Zurück zur **Abzweigung (5)** des Fußweges zurück zum Moorbad. Auf dem blau, grün und gelb bez. Weg (Routen 1 und 2) eben durch Wald zu freien Wiesen und dort über eine Allee zurück zum **Großparkplatz Schremser Moorbad (1)**.

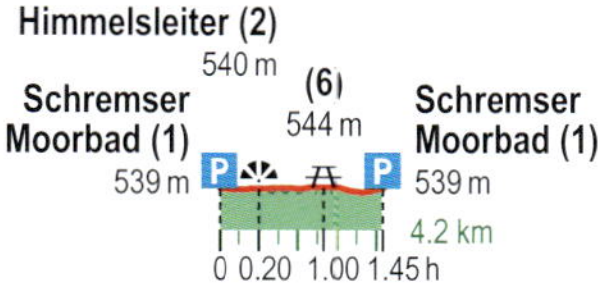

Die »Himmelsleiter« gehört zu den Attraktionen im Naturpark »Schremser Hochmoor«.

46 Naturpark »Heidenreichsteiner Moor«

1.30 Std.

Ein Schau- und Geherlebnis für Jung und Alt

Für Waldviertler Verhältnisse gehört die Wanderung durch den Naturpark Heidenreichsteiner Moor zu den Miniaturen. Zur Halbtagstour wird sie nur, wenn man sich Zeit nimmt, die zahllosen Informationstafeln am Baumlehrpfad zu studieren, Einkehr in der Imbiss-Stube am Gemeindeteich zu halten oder ein Bad in seinen Fluten zu versuchen. Mit dem Unterhaltungsgelände am Parkeingang, den lustigen Prügelwegen im Moorgebiet und dem romantischen Rastplatz beim »Hängenden Stein« erfüllt die Tour viele Kinderwünsche, was der rege Besuch von Schülergruppen unter Beweis stellt.

Ausgangspunkt: Heidenreichstein, 561 m (Bushalt Linie 175 Wien–Litschau Mo. bis Sa.), Großparkplatz, 618 m (Imbisskiosk, Informations- und Souvenirladen, Kinderspielplatz) am Eingang zum Naturpark »Heidenreichsteiner Moor« an der B 5, 2 km südöstlich von Heidenreichstein.
Anforderungen: Einfache Wanderung auf beschilderten Promenadenwegen, auch ohne Wanderausrüstung möglich.

Höhenunterschied: 50 m.
Einkehr: Imbisskiosk am Eingang in den Naturpark (1. Mai bis 30. Sept. geöffnet), Teichheuriger am Gemeindeteich (im Sommer täglich geöffnet, an Sonntagen ofenfrischer Schweinebraten).
Hinweis: Durch den Naturpark gibt es 1. Mai bis 30. Sept. Führungen (Tel. +43 2862 52432 und +43 664 2216845, naturpark-heidenreichsteiner-moor.at).

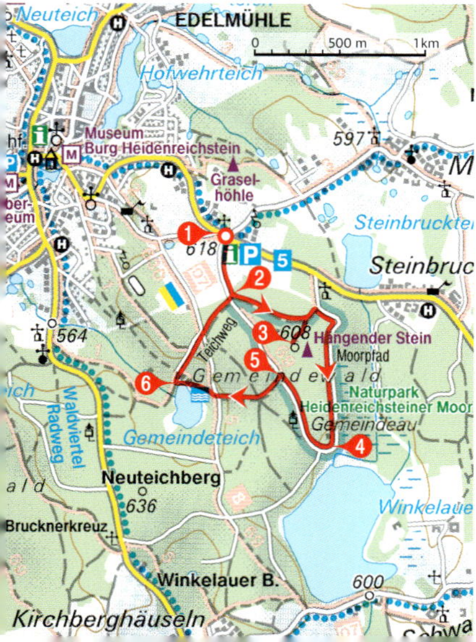

Vom **Großparkplatz (1)** auf Promenadenweg (Baumlehrpfad mit Infotafeln in kleinen Holzkästen) südwärts durch Wiesen zu dreifacher Verzweigung beim **Ameisenhaus (2)** am Waldrand. Links den »Moorpfad« (Baumlehrpfad) im dichten Wald südostwärts weiter zu wichtiger Verzweigung. Rechts ab und auf breitem Weg im Wald eben nach Südwesten zu den mächtigen Granitblöcken (Sitzgarnituren, Infotafeln) bei dem auf einem Sockel ruhenden **»Hängenden Stein« (3)**, 608 m, ein viel besuchter Ort im Zentrum des Parks. Zurück zur Verzweigung und auf dem »Moorpfad« nach rechts (Nordosten) zum Querweg Nr. 69 (Holzhaus, Felsblock, Sitzgarnitur).

Spätherbst im Heidenreichsteiner Moor.

Auf ihm rechts haltend, südwärts durch das licht bewaldete Moorgebiet »Gemeindeau« (beiderseits abzweigende kurze »Prügelwege«) eben zum Nordufer des Winkelauer Teichs und dort zu einem hölzernen **Aussichtsturm (4)** – Sitzgarnituren, Unterstandshütte, Infotafeln.

Auf dem »Moorpfad« durch Wald im Rechtsbogen nach Norden vorerst leicht bergauf, dann in langer ebener Geraden zu **Verzweigung (5)** bei einer Bank. Links den »Teichweg« (rot bez. Weg Nr. 69) durch Buschwerk und Wald westwärts auf und ab über eine Anhöhe hinweg zu querender Forststraße (Weg Nr. 630, 07, 47 und E 8). Auf ihr nur 15 m nach rechts, dann links ab und auf dem »Teichweg« nach Nordwesten zum **Gemeindeteich (6)** mit Freibad (Liegewiese) und Restauration am Nordende. Auf Fahrweg (»Teichweg«) nach Nordosten aufwärts wieder zur Forststraße (Weg Nr. 630, 07, 47 und E 8), die traversiert wird. Jenseits im Wald weiter zur Verzweigung beim **Ameisenhaus (2)** und auf bekanntem Weg wieder zurück zum **Großparkplatz (1)**.

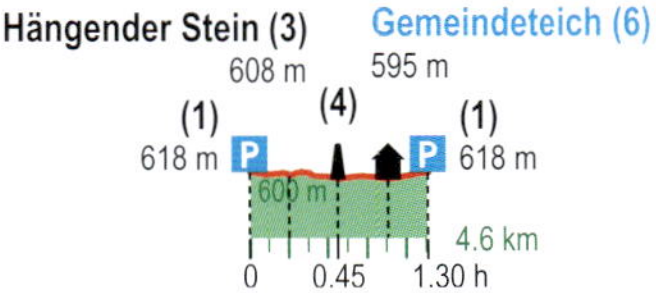

47 Höllgraben

2.30 Std.

Waldromantik südlich von Litschau

Wer nach einem Besuch des Heidenreichsteiner Moors nach Unternehmungen im Umkreis von Litschau Ausschau hält, hat in einer Durchwanderung des Höllgrabens im Süden der Stadt Gelegenheit dazu. Denn was dort fehlt, wird hier geboten, nämlich prächtige Föhrenwälder und romantische, von mächtigen Granitfelsen gesäumte Waldgräben mit mäandernden, lautlos dahin strömenden Bächleins. Das Unternehmen ist kurz und beschwernisfrei, es vermittelt naturgemäß im Frühling und Herbst die intensivsten Eindrücke und eignet sich bestens auch in Begleitung naturbegeisterter »Zwerge«.

Ausgangspunkt: Litschau, 531 m, Stadtplatz (Bushalt Linie 175 Wien–Litschau und 740 Gmünd–Litschau, jeweils Mo. bis Sa., Parkplätze).
Anforderungen: Unschwierige kurze Runde meist auf bez. Fahr- und Fußwegen.

Höhenunterschied: 70 m.
Einkehr: Ghf. Otto Böhm »Schönauer Dorfwirt« (10 B., tägl. geöffnet, Tel. +43 2865 283, litschau.at/Schoenauer_Dorfwirt). Im Stadtgebiet von Litschau mehrere Gastbetriebe.

Von der Pfarrkirche in **Litschau (1)** über den Stadtplatz nach Osten aufwärts zur Straßenkreuzung. 20 m davor rechts ab und die Stadtgrabengasse hinunter zur Wildgasse. Diese rechts haltend, am Lagerhaus vorbei, danach auf dem Höllgrabenweg nach Süden aufwärts zu dreifacher Verzweigung am Stadtrand. Halb links den rot bez. Fahrweg mit Nr. 4, 16 und 608 über Wiesen und Felder zur nächsten Gabelung, dort rechts ab und auf dem Wiesenweg Nr. 4, 11, 16, 17, 608 nach Süden empor auf eine Anhöhe mit einer neuerlichen Verzweigung. Den Fußweg Nr. 4 ca. 100 m nach rechts zu dem im Wald stehenden **Altarstein (2)**, »Alter Stein«, ein alter Opferstein mit noch erkennbarer Blutrinne. Zurück zum Hauptweg und

Im Höllgraben bei Litschau.

diesen über Felder eben nach Süden, dann am Waldrand entlang zum schönen **Föhrenteich (3)**, 555 m, mit querender Naturstraße. Auf ihr (Weg Nr. 11, 16 und 608) links haltend zu Straßenkreuzung (Kruzifix) und über Felder gerade fort, dann an den Kibitzhäusern vorbei in den Wald. Nach Südosten hinab in den **Höllgraben (4)** und dort über den Föhrenbach zu einer Verzweigung. Rechts den rot bez. Fußweg Nr. 16 und 20 durch den romantischen Waldgraben, mehrmals das Bachufer wechselnd, unter den mächtigen Höllstein.

An Felsblöcken vorbei neben den Bachkaskaden über Holzstiegen abwärts, später eben zur **Straße Gmünd–Litschau (5)**, 509 m. Nach Traversierung von Straße und Schmalspurbahn auf Weg Nr. 16 und 20 neben dem Reißbach eben nach Westen, später über den Bach (Holzbrücke) und hinauf zu einem Fahrweg. Auf ihm rechts haltend im Föhrenwald nach Nordwesten aufwärts zu einer Naturstraße und diese durch Wald und Wiesen, über eine Anhöhe hinweg, nach Norden in den Ortsbereich von Schönau (512 m) mit Gabelung beim Glockenturm. Nach rechts über den Reißbach zum **Schönauer Dorfwirt (6)** an der Durchgangsstraße.

Die Straße nach Litschau, das Bahngleis überschreitend, 200 m nach Norden zur Verzweigung (Fischzucht) bei der Ortsendetafel. Links ab und auf Asphaltstraße (Weg Nr. 10) über die Wehre des Schönauer Teichs nach Westen zu einigen Häusern. Dort, wo die Straße zu steigen beginnt, rechts ab und am bewaldeten Westufer des Teichs auf unbez. Wegen eben nach Norden, später über eine Wiese nach Südosten empor zu den Häusern von **Seilerndorf (7)**, 540 m. Nach rechts zur Langauer Straße, die bei Kehre erreicht wird. Auf ihr rechts haltend, unterhalb von Schloss Litschau vorbei, nach Osten hinab in das Stadtgebiet von **Litschau (1)** und dort über den Stadtplatz aufwärts zurück zur Pfarrkirche im Zentrum der Stadt.

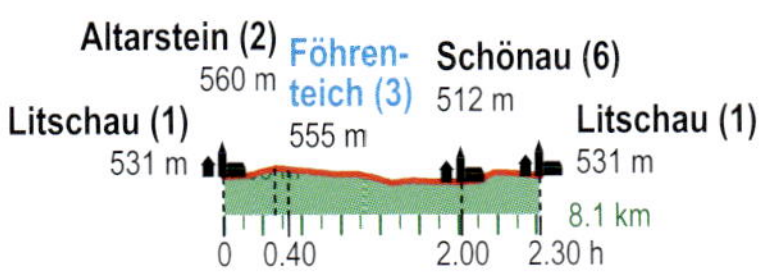

48 Von Litschau nach St. Peter

3.00 Std.

Wanderfreuden nahe der tschechisch-österreichischen Grenze

Als Besucher von Litschau, der nördlichsten Stadt Niederösterreichs, denkt man an den Herrensee, an gepflegte Uferpromenaden und an das schöne Strandbad dort. Wir nehmen das nur wenige Kilometer von Österreichs Nordgrenze entfernte Kirchlein St. Peter aufs Korn. Das ist nun fürwahr eine Tour zu einem besonderen Ort, wobei es sich lohnt, an klaren Herbsttagen zu wandern, allein mit sich selbst und der Natur.

Ausgangspunkt: Litschau, 531 m, Stadtplatz (Bushalt Linie 175 Wien–Litschau und 740 Gmünd–Litschau, jeweils Mo. bis Sa., Parkplätze).
Anforderungen: Leichte Wanderung auf unbez. Straßen und Wegen.
Höhenunterschied: 160 m im An- und Abstieg.

Einkehr: Strandbad-Restaurant (keine Übernachtung, Sommerbewirtschaftung) am Herrensee in Litschau. Im Ortsgebiet von Litschau mehrere Gastbetriebe.
Variante: Lohnend ist auch eine Umrundung des Herrensees auf guten Promenadenwegen. Gesamter Zeitaufwand 1 Std.

Vom Ghf. Kaufmann am Stadtplatz in **Litschau (1)** 50 m nach Norden zum Südufer des Herrensees. Rechts den Ostuferweg Nr. 08, 20 und 608 im Wald nordwärts zu einem Pavillon, dann durch das **Strandbad (2)** und weiter zum

Das Alte Schloss in Litschau.

Nordende des Sees (3). Dort nicht über die Reißbachbrücke, sondern rechts vom Bach zu einer Asphaltstraße und diese nach **Hörmanns**, 521 m. Entlang der Straße in Nordrichtung durch das Dorf, dann durch Wald zum **Schloss Hörmanns (4)**. Die rechts abzweigende Asphaltstraße über den Kastenitzerbach, dann über Felder nach Osten empor zu den Höfen von **Saaß (5)** und dort die Straße nach links empor zu dem auf einer Anhöhe stehenden Kirchlein **St. Peter (6)**, 619 m.

Zurück nach **Saaß (5)** und dort die Straße südwärts zu einer Verzweigung. Links den Fahrweg Nr. 14 durch Wald in Südostrichtung hinauf zu den Feldern von **Steingarten (7)** und dort im Wald scharf nach links zu großen Granitblöcken (Hutstein, Teufelsstein, Opferstein) am Waldrand. Von Steingarten auf Feldweg nach Süden hinab zu einer Straße und diese rechts zu den **Höfen Obere Saaß.** Auf Güterwegen über Felder nach Südwesten zu einer Anhöhe mit Teilung. Nach rechts (Westen) zum Waldrand und dort an einem Bildstock (Steinbank) vorbei zu einer Gabelung. Links über Wiesen in Südwestrichtung abwärts, dann, die Straße Litschau–Schandachen kreuzend, durch eine Mulde hinab nach **Litschau (1)**.

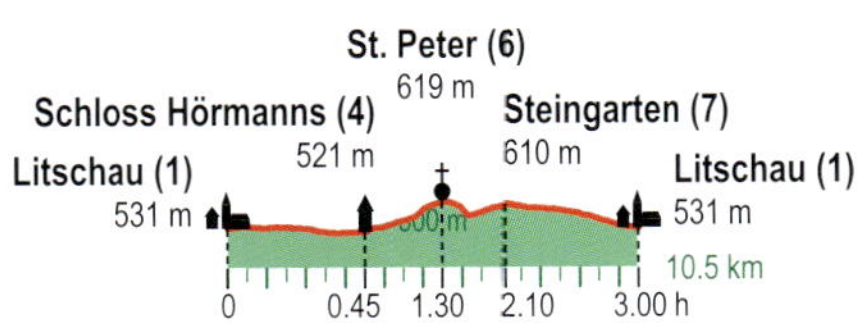

49 Vysoký kámen, 738 m

3.30 Std.

Durch Wälder kanadischen Formats

Zu den Besonderheiten des Waldviertels und des jenseits der Grenze anschließenden Böhmisch-Mährischen Hügellandes gehören die aus Wollsack-Verwitterung entstandenen Granitblöcke, wie sie sich in Flusstälern und auf Bergkuppen reichlich finden. Auch der Vysoký kámen, eine der höchsten Erhebungen im Naturpark Česká Kanada (Böhmisch Kanada), trägt im Gipfelbereich eine solche Felsgruppe. Sie wird von einem 1842 errichteten Obelisken gekrönt. Der schönste Weg auf den Berg ist jener von Kunžak durch das Struhatal, an Baumriesen vorbei, die sogar kanadischer Konkurrenz gewachsen sind!

Ausgangspunkt: Kunžak/Königseck, Hauptplatz, 575 m (Haltestelle der Buslinien von Budweis bzw. Brünn, Parkplatz).
Anforderungen: Leichte Wanderung auf bez. Fahr- und Fußwegen.
Höhenunterschied: 190 m im An- und Abstieg.
Einkehr: Mehrere Gastbetriebe in Kunžak. Unterwegs keine Einkehr!

Vom Hauptplatz in **Kunžak (1)** 20 m durch die Haulickova Ulice nach Osten, dann auf staubfreiem Fußgängerweg eben nach rechts (Süden) zur Durchgangsstraße Jindřichův Hradec–Dačice, die traversiert wird. Jenseits auf rot bez. Asphaltstraße, an der Schule »Zakladni Skola« und einem Sportplatz vorbei, nach Süden abwärts, danach durch ein Sägewerk in den Auwald. Dort auf bez. Fahrweg hinab in das Struhatal mit dem Teich **Novy rybnik (2)**. Nach links über Staudamm (Birkenallee) zu querender Naturstraße. Auf ihr am Teich entlang durch Wald nach rechts (Süden), danach auf breitem Weg links des zwischen Granitblöcken mäandernden Struhabaches leicht steigend zum nächsten Teich (verlandet).

Obelisk am Gipfel des Vysoký kámen.

Eben fort, bis der Bach nach rechts überschritten wird. Jenseits aufwärts zu einer Forststraße, auf ihr nach links über den Bach, dann durch Nadelwald zur Straßenteilung bei Sitzgarnitur – »**Pod Kozinou**« **(3)**, 610 m. Die Straße wieder nach rechts über den Bach und bei Teilung links haltend aufwärts zu leichter Rechtskurve. Halb links ab und auf bez. Fußweg, an den Granitblöcken »Masné Kramy« vorbei, nach Süden empor nach »**Struha u Kunzaku**« **(4)**, 650 m, bei querender blau bez. Forststraße. Auf ihr südostwärts bergauf zu Verzweigung. Halb links ab und auf bez. Fußweg einen Seitengraben nach Südosten empor zur Forststraße am Höhenrücken Velky kopec – »**U Velkého kopce**« **(5)**, 685 m. Die Straße im herrlichen Wald eben nach rechts (Südwesten), später im Rechtsbogen zur Teilung »**Plachy Srank**« (Sitzgarnitur). Rechts die rot bez. Straße nach Nordwesten bergauf und eben zur Linksabzweigung eines rot bez. Fußweges. Diesen im lichten Wald, die Autostraße Nová Bystřice–Kunžak kreuzend, nach Nordwesten empor auf den teilweise baumfreien Gipfel des **Vysoký kámen (6)**, 738 m, mit mächtigen Granitblöcken und aufgesetztem unzugänglichem Obelisken.

Zurück zur Autostraße Nová Bystřice–Kunžak und diese 500 m nach links (Norden) abwärts, bis sie stärker zu fallen beginnt. Rechts ab (Pfeil) und auf rot bez. Karrenweg ostwärts bergab, dann nach rechts zu einer Forststraße. Auf ihr links haltend abwärts, bald aber links ab und auf bez. Fahrweg (bei Verzweigungen gut auf die Markierung achten!) in Windungen steiler bergab wieder nach »**Struha u Kunzaku**« **(4)** und weiter auf bekanntem Weg nach **Kunžak (1)**.

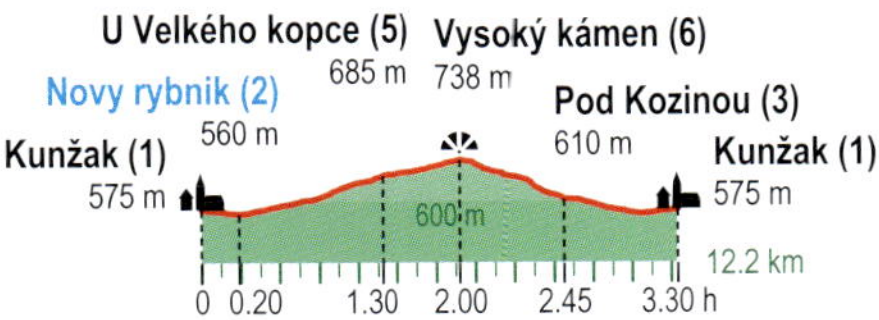

50 Kautzener Runde

3.30 Std.

Auf Erkundungstour im »hohen Norden« des Waldviertels

Ruhe und Waldeinsamkeit werden auf dieser höchst abwechslungsreichen Runde an der österreichisch-tschechischen Grenze geboten.

Ausgangspunkt: Kautzen, 525 m (Bushalt Linie 761 Waidhofen/Thaya–Dobersber, Mo. bis Fr., Parkplätze), Straßenverzweigungspunkt im Ortszentrum.
Anforderungen: Einfache Wanderung auf bez. Wegen. Trotz Markierung bestehtwegen teils schlechter Beschilderung (keine Zielangaben!) die Möglichkeit, sich zu verlaufen.
Höhenunterschied: 220 m im An- und Abstieg.
Einkehr: Im Ortsgebiet von Kautzen mehrere Gastbetriebe. Unterwegs keine Einkehr!

Aus dem Ortszentrum von **Kautzen (1)** die Litschauerstraße 200 m nach Nordwesten aufwärts zur Verzweigung beim Friedhof. Links die Straße nach Engelbrechts in Westrichtung aus dem Ort, danach über Felder und Wiesen hinab zum **Engelbrechtser Teich (2)**, 530 m, und über eine Anhöhe hinweg in das reizende Angerdorf **Engelbrechts (3)**, 536 m. Dort an der Kapelle vorbei aufwärts zur Verzweigung bei der Ortsendetafel (Quellfassung). Rechts die blau-weiß-grün bez. Asphaltstraße durch Felder, Wiesen und Wald nach Nordwesten zur nächsten Gabelung. Die unbez. Asphaltstraße gerade fort auf eine Hochfläche und dort in den Weiler Radschin. Die Autostraße traversierend weiter aufwärts und zwischen zwei Höfen durch zum querenden, grün-weiß-rot bez. Fußweg Nr. 650 (»Graselweg«) direkt an der **Staatsgrenze (4)**. Diesen durch Wald nach rechts (Osten) hinab zu den Feldern beim **Dürnhof (5)** mit querenden Fahrwegen. Auf blau-weiß-rot bez. Feldweg Nr. 650 nordostwärts in den Wald und dort, an mehreren Verzweigungen vorbei, bergauf, zuletzt auf bez. Steig zum **Teufelsstein (6)**, ein aus mächtigen Granitblöcken bestehendes Gebilde. Auf Fußweg über einen Rücken nach Südosten empor zu der auf einer Waldkuppe stehenden **Pyramide (6)**, 663 m (1825 errichteter Obelisk). Auf Fußweg Nr. 650, dem Waldrücken folgend, vorerst eben nach Südosten, dann hinab zu querendem Fahrweg und diesen links haltend zu einer Forststraße. Auf ihr im Hochwald nach links (Norden) hinunter zur Teilung bei einer Holzhütte. Rechts haltend eben nach Nordosten zu Verzweigung und nochmals rechts zum Wasserloch des **Streichbrunnens (8)**, 635 m. Nordostwärts hinauf zu einer Forststraße, der man

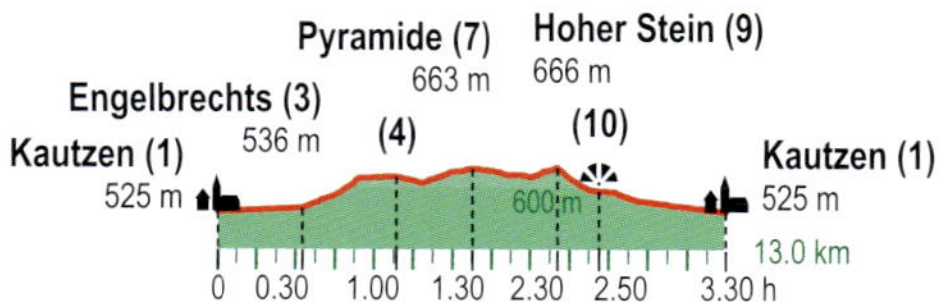

nach rechts folgt. An einer Sandgrube vorbei eben nach Süden, dann hinab zur Verzweigung bei einem Hochstand. Links ab und auf bez. Steig in steilen Windungen nach Südosten empor auf eine Waldkuppe (666 m) und jenseits zu Verzweigung. Links auf unbez. Steig 50 m nach Osten hinab zum Felsgebilde des **Hohen Stein (9)**, 666 m. Von der zuletzt erwähnten Verzweigung auf Weg Nr. 650 nach Süden hinab in einen Sattel und abwärts zum **»Schneebergblick« (10)**, danach zur nächsten Verzweigung. Auf bez. Fahrweg nach rechts in den Wald, dort in einen Graben und diesen nach links (Süden) hinunter zur **Kneipp-Anlage (11)**. Auf Fahrweg über Wiesen, einem Hohlweg (»Heilkräuter-Lehrpfad«) folgend, hinab nach **Illmau (12)**, 540 m. Durch den Ort, später nach rechts über den Kautzenbach und empor zur Litschauerstraße. Diese links haltend in das Zentrum von **Kautzen (1)**.

Die Kneipp-Anlage bei Illmau.

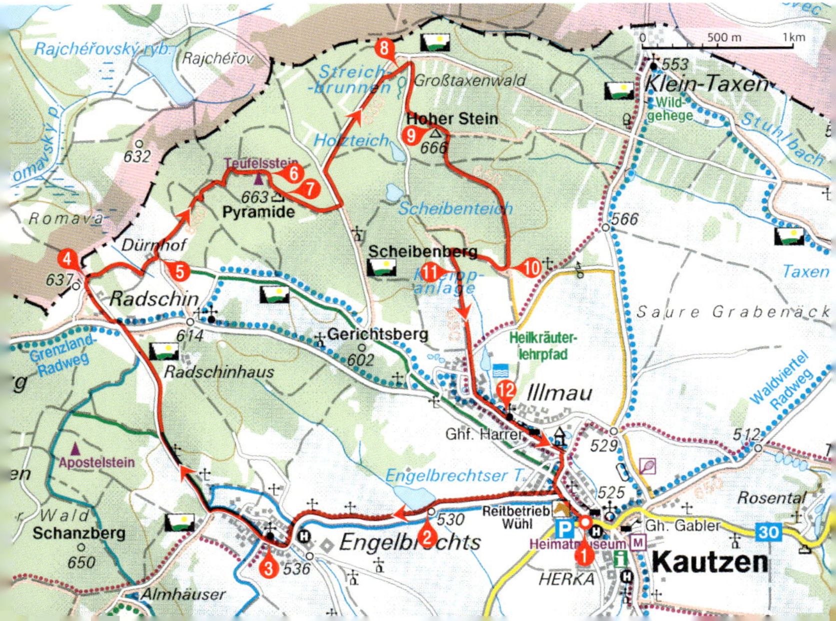

51 Von Dietmanns zum Predigtstuhl, 718 m

3.45 Std.

Wo die Wälder noch schier grenzenlos sind …

Zuerst wird auf abwechslungsreichen Waldwegen der bizarre Gipfelfels des Predigtstuhls gewonnen, danach geht es durch dunkle Wälder zur neugotischen Bründlkapelle und zuletzt verschafft ein Sprung in das kalte Nass des Sieghartser Waldbad die nötige Abkühlung.

Ausgangspunkt: Dietmanns, 622 m (Bushalt, Parkplätze).
Anforderungen: Leichte Wanderung auf gut bez. Wegen.

Höhenunterschied: 300 m im An- und Abstieg.
Einkehr: Mehrere Gasthäuser in Dietmanns. Unterwegs keine Einkehr!

Von der Kapelle in **Dietmanns (1)** durch die Waldreichserstraße nach Nordosten zum Beginn des »Hohlweg-Dietmanns«. Den asphaltierten Fahrweg über die Wiesen am Ostabhang des Buchbergs nach Norden aufwärts in einen Sattel und jenseits zum Ende der Asphaltstraße. Auf gelb und rot bez. Forststraße durch Wald nach Nordwesten in die Mulde am **Satzling (2)** und bergauf zum breiten Südwestrücken des Predigtstuhls mit Verzweigung (Pfeil). Auf rot bez. Fußweg den Waldrücken rechts empor zum Gipfelfelsen des **Predigtstuhls (3)**, 718 m (Vermessungszeichen, Bänke). Zurück zur Verzweigung. Die Forststraße kreuzend, auf Fußweg nach Südwesten, dann auf Karrenweg abwärts zu einer Wegteilung (Pfeil) und links haltend zu querender Asphaltstraße. Jenseits der Straße links haltend auf rot bez. Steig

Der Gipfelfels des Predigtstuhls bei Dietmanns.

sanft aufwärts zur Waldschulter östlich des P. 676 m und auf gutem Waldweg in Südwestrichtung abwärts zu einem Verzweigungspunkt. Geradeaus den Waldlehrpfad nach Süden aufwärts zur Autostraße Gross-Sieghartss–Waidhofen. Diese 150 m nach rechts, zu der links auf einer Waldlichtung erhöht stehenden **Bründlkapelle (4)**, 647 m (zwischen Mai und Sept. So. und Fei. 10–11.30 Uhr geöffnet; Quelle, Bänke, Infotafeln).
Den gelb, blau und rot bez. Karrenweg durch Wald südwärts zum Gedenkstein bei der ehem. Kirche von **Ulreichs (5)**. Am bewaldeten Höhenrücken in Südrichtung eben zu einem von rechts einmündenden Güterweg und auf ihm gerade fort zur **Autostraße Dietmanns–Götzles (6)**, die traversiert wird. Jenseits nach querendem Güterweg links ab und bei zwei Wegkreuzungen jeweils rechts haltend auf blau bez. Karrenweg südwärts über die Kuppe des Seifriedwaldes zu querender **Forststraße (7)**. Diese 70 m nach links, dann rechts ab und auf unbez., zu Beginn wenig ausgeprägtem Karrenweg durch den Harmannsgraben nach Osten hinab zu einem blau und gelb bez. **Güterweg (8)** – Baummarterl, rechts in 5 Min. zum Groß-Sieghartser Waldbad. Auf dem Güterweg in Nordrichtung gerade fort und nach Linkskurve aufwärts zu einer Teilung. Halb rechts auf blau und gelb bez. Fahrweg im Wald eben nach Nordwesten in den querenden Seifriedsgraben. Nach der Brücke rechts ab, über den Sieghartser Bach (zwei Stege) und jenseits über Wiesen links haltend empor zu den Häusern von **Graben (9)**. Nun auf dem Mühlweg durch Siedlungsgebiet in Nordrichtung hinauf zur Kapelle im Zentrum von **Dietmanns (1)**.

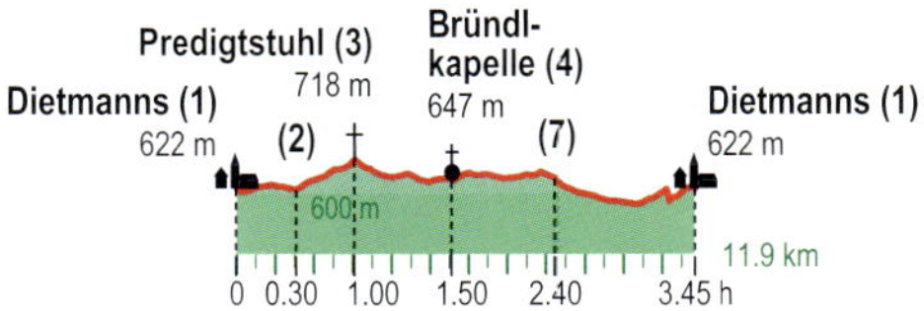

52 Von Karlstein nach Raabs

3.30 Std.

Von Burg zu Burg entlang der Thaya

Durch diese Bollwerke wurde im Mittelalter die Grenze nach Mähren gesichert. Heute kann man das malerische Thayatal mit seinen wehrhaften Befestigungen in aller Ruhe genießen.

Ausgangspunkt: Karlstein, 435 m (Bushalt, Parkplätze).
Endpunkt: Raabs, 450 m (Bushalt, Parkplätze), Stadtplatz, 402 m. Rückfahrt nach Karlstein per Bus (mehrmals täglich) oder Taxi Rieder (Tel. +43 2845 243).
Anforderungen: Einfache Wanderung auf teils asphaltierten Fahr- und Fußwegen.
Höhenunterschied: 170 m im Anstieg, 200 m im Abstieg.
Einkehr: Gasthöfe in Karlstein und in Raabs. Hotel-Restaurant Liebnitzmühle (90 B., Sa./So. ab 11 Uhr, sonst ab 16 Uhr geöffnet, Tel. +43 2846 7501, liebnitzmuehle.at).
Variante: Von der Thayabrücke (linkes Flussufer vor der Liebnitzmühle) kann man auf unbez. Forstweg zur Ruine Buchenstein ansteigen. Prächtiger Tiefblick zur Liebnitzmühle und zur Thaya. Zusätzlicher Zeitaufwand 30 Min.

Von **Karlstein (1)** nach Osten zur Thayabrücke. Vor der Brücke rechts ab und die Straße ein Stück an der Thaya entlang, später das Tal des Schladeinbaches nach Südosten zur Linksabzweigung des rot bez. **Graselweges (2)**, Nr. 07 bzw. 630. Auf ihm nach links über den Schladeinbach (Fußgängerbrücke) und jenseits im Wald nach Südosten empor auf eine Hochfläche. Dort erst eben, später sanft abwärts, schließlich auf asphaltiertem Güterweg in den Weiler **Speisendorf (3)**, 463 m, und die Dorfstraße hinab zur Thayabrücke. Am jenseitigen Ufer scharf rechts ab und auf asphaltiertem Güterweg eben nach Südosten und über die Thaya (links zur Ruine Buchenstein) an das südliche Ufer. Auf dem Fahrweg ostwärts in Richtung Liebnitz, bis die

Am Thaya-Ufer zwischen Karlstein und Raabs.

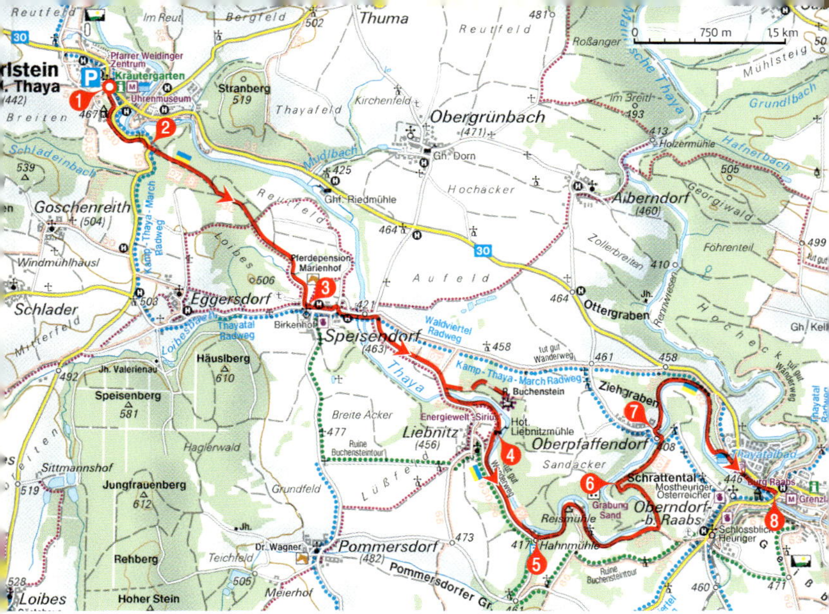

Straße zu steigen beginnt. Dort links ab und über Wiesen, am Flussufer entlang, zu den Häusern der **Liebnitzmühle (4)**, die bergseitig umgangen wird. Nun auf Straße an der Thaya entlang flussabwärts zur **Hahnmühle (5)** an einem von Süden einmündenden Graben.

Von der Mühle den Graselweg am felsigen Thayaufer (Gedenktafel) entlang zu einem Klettergarten, danach über eine Kuppe zur idyllischen Reismühle. Über Steinstufen empor zum Hochflächenrand und an diesem entlang, dann wieder hinab zur Thaya und dort ostwärts zur Rechtsabzweigung des Weges nach Oberndorf. Hier scharf links ab und nach Norden, später nach Westen hinauf zur **Plapperthütte (6)**, 435 m (Unterstand, Bänke), hoch über der Thaya. Von der Hütte nach Nordosten hinab zur Thaya, dann links über die Thayabrücke nach **Oberpfaffendorf (7)**, 408 m.

Nach dem zweiten Haus rechts ab zum Gebäude der ehemaligen Wasenmeisterei, einem Unterschlupf des legendären Räuberhauptmann Grasel. Nun auf gutem Weg entlang des felsigen Prallufers der Thaya zu einem Sportplatz, danach über die Mährische Thaya ins Zentrum von **Raabs an der Thaya (8)**.

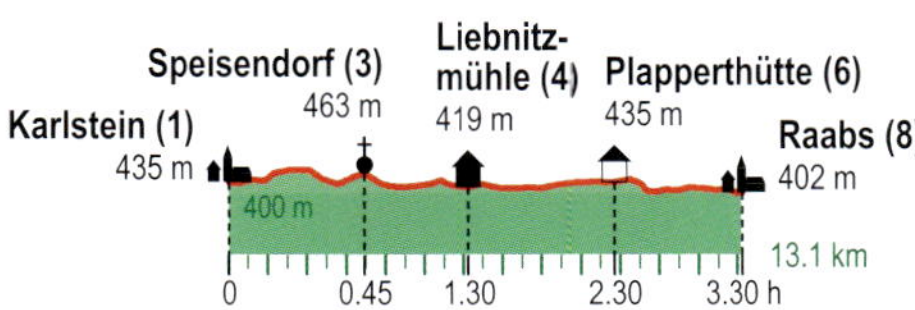

TOP **53**

Von Raabs nach Eibenstein

3.45 Std.

Zur stolzesten Feste des Thayatales

Das über dem Tal thronende Mausoleum der Freiherren von Klingerstorff, die durch eine mächtige Mauer geschützte Ruine Kollmitz und der abwechslungsreiche »Historikersteig« am Thaya-Ufer sind die Höhepunkte der Tour.

Ausgangspunkt: Raabs, 450 m (Bushalt, Parkplätze), Stadtplatz, 402 m.
Endpunkt: Eibenstein (381 m). Rückfahrt nach Raabs per Taxi (Tel. +43 2845 243). Keine Busverbindung!
Anforderungen: Einfache, abwechslungsreiche Wanderung auf bezeichneten Wegen.
Höhenunterschied: 430 m im Aufstieg, 450 m im Abstieg.
Einkehr: Gasthöfe in Raabs. Jst. Ruine Kollmitz (bei Schönwetter zwischen Mai und Okt. tägl. 10–17 Uhr, Sa., So., Fei. bis 18 Uhr geöffnet, Tel. +43 2846 7415, kollmitz.at). Pension Pölzer in Eibenstein (18 B., Do. Ruhetag, Tel. +43 2846 7230, gasthof-poelzer.at).
Variante: Wer Kollmitzdörfl auslassen möchte, kann direkt von der alten Eiche vor Kollmitzdörfl rechts auf Weg Nr. 630 zur Ruine Kollmitz gelangen. Zeitersparnis 30 Min.

Vom Stadtplatz von **Raabs (1)** durch die Drosendorfer Straße nach Osten zu einer Gabelung und rechts, an stattlichen Villen vorbei, zum Ende der staubfreien Straße. Auf Promenadenweg Nr. 630 zwischen dem Thayaufer und einer Felswand, später im Schatten riesiger Laubbäume nach Süden, dann nach Osten zur Flussbiegung beim **Jungfernstein (2)**. Nach dem Bruckgraben auf Karrenweg nach Südosten empor zur Hochfläche. Dort über Felder zur Verzweigung bei alter Eiche und gerade fort in den Weiler **Kollmitzdörfl (3)**, 489 m. Auf der von Norden her einmündenden Straße durch den Ort und nach rechts zur Verzweigung am Ortsrand. Rechts haltend auf Güterweg zum Südrand eines an drei Seiten von Wald umgebenen Ackers.

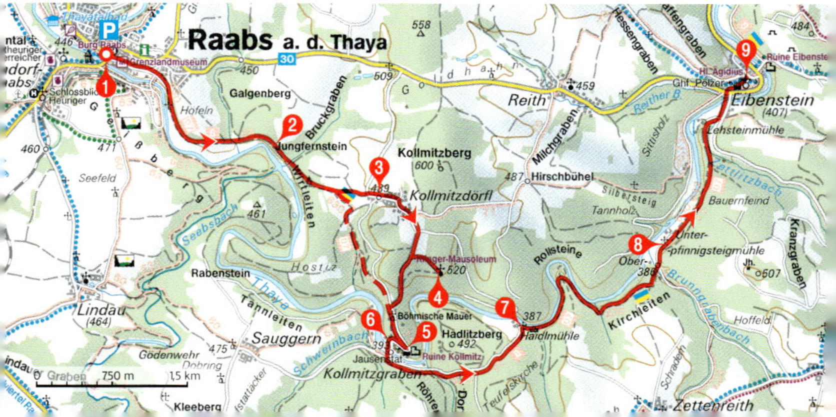

Die Pfinnigsteigmühle an der Thaya.

Dort auf Karrenweg nach links (Osten) aufwärts zu dem am Abbruchrand zur Thaya stehenden **Klinger-Mausoleum (4)**, 520 m. Blick in das Thayatal mit der Ruine Kollmitz.
Von der Südwestecke des erwähnten Ackers auf Karrenweg nach Süden hinab zu Naturstraße, auf ihr links zum Verteidigungswall der »Böhmischen Mauer« und weiter zur mächtigen **Ruine Kollmitz (5)**, 430 m. Auf staubfreiem Sträßchen hinab zu den Häusern von **Kollmitzgraben (6)**, 393 m, und über die Thaya (Brücke) an das Südufer. Links ab, die Naturstraße nach Osten in den Sattel südöstlich des Hadlitzberges und jenseits links haltend durch Waldgraben hinab zur **Haidlmühle (7)**, 387 m, an der Thaya. Den hier ansetzenden »Historikersteig« nordostwärts über Wiesen, dann am Thaya-Ufer entlang, schließlich hinauf zu einer Anhöhe gegenüber dem Prallhang der Rollsteine. Jenseits hinunter zur Thaya, bei einem Waldgraben links ab und an den bewaldeten Steilhängen der Kirchleiten ostwärts in Kehren hoch zum Hochflächenrand. Auf Steig steil nach Norden hinunter in den Brunngraben und nach links zur **Pfinnigsteigmühle (8)**, 386 m. Nordostwärts über Wiesen entlang der Thaya, dann hinauf zum Waldrücken zwischen Thaya und Zettlitzbach. Über ihn nach Norden hinab zu einer Straße und auf ihr links haltend über die Thaya nach **Eibenstein (9)**.

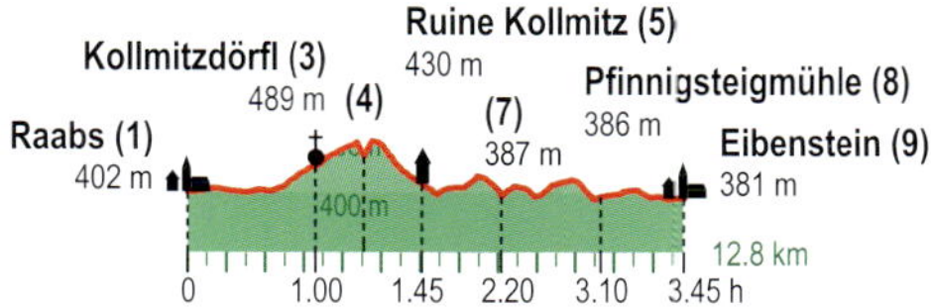

54 Mährische Thaya

3.00 Std.

Zauberhafte Flusslandschaften nahe der tschechischen Grenze

Was ihr die Deutsche Thaya an Wasserreichtum und Talgröße überlegen ist, ersetzt die Mährische Thaya durch zauberhafte, vielfach noch völlig unberührte Flusslandschaften. Aus Mähren (Tschechien) zufließend erreicht sie beim Dorf Unterpertholz das österreichische Bundesgebiet. Von Weikertschlag flussauf- und abwärts können ihre Ufer auf lauschigen Wegen im Zuge einer gemütlichen Runde begangen werden. Doch wer glaubt, dem Fluss vom südlichen Wendepunkt unserer Wanderung, von der Hadermühle, weiter nach Raabs folgen zu können, sei gewarnt. Die Begehung der ab der Hadermühle teilweise weglosen Thaya-Ufer gilt als Bewährungsprobe und ausgesprochene »Insidertour«, vermittelt Dschungelerlebnisse, setzt Übung in der Pfadsuche voraus und sollte nur in der vegetationsarmen Jahreszeit (März, April, Oktober, November) unternommen werden.

Ausgangspunkt: Weikertschlag, 434 m (Bushalt Linie 766 Waidhofen/Thaya–Weikertschlag, Mo. bis Fr., Parkmöglichkeit), isoliert stehendes Rathaus (mit Raiffeisenbank und Ortsmuseum) mitten am Hauptplatz.
Anforderungen: Unschwierige Tour ohne nennenswerte Höhenunterschiede. Unbezeichnete, aber beschilderte Fahr- und Fußwege, zwischen Unterpertholz und Weikertschlag flussabwärts reine Straßenwanderung. Vor allem im Frühjahr und Herbst zu empfehlen.
Höhenunterschied: 80 m im Auf- und Abstieg.

Naturbelassene Ufer an der Mährischen Thaya.

Einkehr: Gasthaus Irschik, Weikertschlag 23 (Mo. und Di. Ruhetag, Tel. +43 2845 633).
Varianten: 1) Wer die unmarkierte Insiderroute entlang der Mährischen Thaya von Weikertschlag nach Raabs begehen will, folgt ab der Schulakmühle dem Thaya-Westufer, an der Hadermühle vorbei zum Hannesbrückl (»Kienastbrücke«) auf den Rennwiesen, 2 km unterhalb der Holzermühle, danach wieder dem Ostufer. Nur für hartgesottene Pfadfinder! Zeitaufwand ab Weikertschlag 3.15 Std., Rückfahrt per Buslinie 766 (dreimal täglich, jedoch nur Mo. bis Fr.) oder Taxi.
2) Von Unterpertholz (Abzweigung beim Steinhochkreuz vor der Thayabrücke) kann entlang des Ostufers der Mährischen Thaya in 1.30 Std. bis nach Písečné (Südmähren/Tschechien) gewandert werden. In Písečné (deutsch »Piesling«) sehenswertes vierflügeliges Schloss von 1626 und jüdischer Friedhof. Für beide Vorschläge gilt: Wegen der unmarkierten, oft verfallenen Wege (teils auch weglos mit mannshohem Gras usw.) sind Begehungen nur während der vegetationsarmen Zeit (März, April, Oktober, November) zu empfehlen.

Velké lesy
509
1001
0
500 m
1km
Na Šir
433
Písečné
Lantschenhöfen
465
Greenway Praha-Wien
Grabenbach
Brunngraben
Neuriegers
(474)
Steinbühel
507
Überländ
489
Graslweg Thayaland
Maribach
Schlatt
Niklasberg
(458)
Unterpertholz
Ziernreith
metzberg
543
65
485
429
Baumühle
504
Weißes Marterl
Blatt
Graslweg Thayaland
Wilhelmshof
Sandfeld
Schafbrücke
Grainbühel
Vogel-lehrpfad
495
Mühlgraben
Oberndorf b. Weikertschlag
Ortsmuseum
471
Zollhaus
Galgenberg
520
504
Mitterfeld
Weikertschlag a. d. Thaya
(434)
Gh. Irschik
470
Poppenschlagfeld
Galgenbergfeld
Gugutzfeld
Langfeld
Rossa
Schulakmühle
Graslweg Thayaland
512
Marchfeld
Thumabach
504
421
Hadermühle
Kreuzäcker
483
Hammelfeld
Meierhofhäuser
Grundgwanden
Bergäcker
482
Süßbühel
Süßenbach
481
Reutfeld
Roßanger
Raabs
501
Waldhaus
Mühlsteig
Mährische Thaya
Im Breitl
493
Grundlbach
Obergrünbach
(471)
413

Beschauliches Wandern zwischen Weikertschlag und Hadermühle.

Vom Hauptplatz in **Weikertschlag (1)** den mit gelben Tafeln beschilderten »Panoramaweg« Nr. 65, rechts am Rathaus vorbei, nach Norden zu einer Straßengabelung und rechts haltend leicht steigend zum letzten Haus. Den Fahrweg durch Wiesen und Felder nach rechts (Osten) aufwärts zu einer Verzweigung. Links ab und auf begrastem Fahrweg entlang der Abbruchkante gegen das Thayatal nordostwärts leicht bergab zum **Brodesser-Steinhochkreuz (2)**, 450 m. Auf dem Fußweg Nr. 9 und 65 steiler hinab zur Thaya. Rechts von ihr in schöner Wanderung durch ursprüngliches Busch- und Waldgelände, an Felsen vorbei, zum alten Gebäude der **Baumühle (3)**, 429 m. Auf Feldweg rechts der Thaya (bei Gabelung links) in Nordrichtung eben weiter zur Autostraße Wilhelmshof–Unterpertholz. Auf ihr, an der Rechtsabzweigung nach Niklasberg vorbei, gerade fort zu einem Steinhochkreuz und über die Thaya nach **Unterpertholz (4)**, 450 m, mit frei stehendem zweigeschossigen Glockenturm (1878) am Dorfplatz.

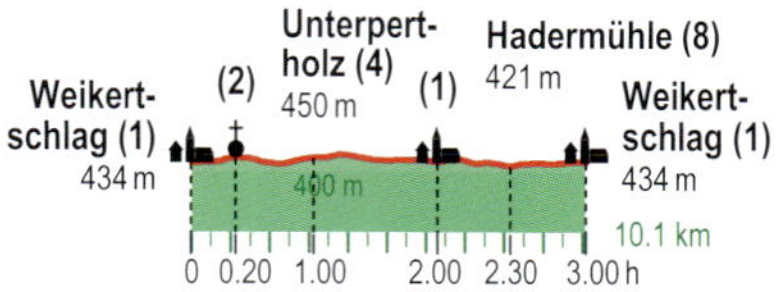

Die Autostraße nach Weikertschlag scharf nach links (Süden) aufwärts zu einer Anhöhe mit **Gabelung (5)**. Links haltend durch Felder und Wiesen eben weiter, dann im Rechtsbogen hinab zur Thaya. Dort teils nahe, teils abseits des Flusses, eine Wiesenbucht im Linksbogen ausgehend, eben nach Süden, später gegenüber dem Naturbad vorbei, zum Riesensilo (Lagerhaus) im Weikertschlager Ortsteil Oberndorf. Auf Querstraße links haltend zum Gasthaus Irschik und über die Thayabrücke wieder zum Hauptplatz in **Weikertschlag (1)**.
Vom Hauptplatz den »Klafferquellenweg« Nr. 64 nach rechts (Südosten) aus dem Ort, dann auf Fahrweg links oberhalb der Thaya bald zur **Klafferquelle (6)** – Marienkapelle, Bänke. Weiter auf dem Fahrweg am linken Thaya-Ufer in Südrichtung durch Wiesen eben zum **Holzsteg (7)** nach rechts zur Schulakmühle am jenseitigen Ufer. Wir verbleiben am Ostufer und folgen dem Fahrweg durch Wiesen in Südrichtung eben weiter zur **Hadermühle (8)**, 421 m. (Hier kein Weiterweg, auch keine Brücke ans jenseitige Ufer!) Zurück zum **Holzsteg (7)** und auf diesem nach links über die Thaya zur alten **Schulakmühle (9)**, 430 m, mit querendem Naturfahrweg. Diesen mit Weg Nr. 64 rechts haltend, am Waldrand entlang und über Wiesen in Nordrichtung aufwärts, später auf Asphaltstraße, nach Oberndorf (Gasthaus Irschik). Über die Thayabrücke nach rechts zum Hauptplatz von **Weikertschlag (1)**.

Die Schulakmühle südlich von Weikertschlag.

55 Zwischen Thaya und Seebsbach

4.00 Std.

Zurück zur Natur!

Bei dieser Wanderung kommt jeder auf seine Kosten. Der erste Abschnitt von Raabs über die Ruine Kollmitz nach Kollmitzdörfl bietet abwechselnd Natur und Kultur auf bequemen Promenadenwegen. Im Seebsbachgraben ist Natur pur angesagt. Die Wanderung durch diesen wilden Graben zur Thaya ist eine der anspruchsvollsten und ursprünglichsten in dieser Region.

Ausgangspunkt: Raabs, 402 m, Stadtplatz, (Bushalt, Parkplätze).
Anforderungen: Einfache Wanderung auf meist guten Wegen. Im Seebsbachtal jedoch unübersichtliche Wegführung. Trittsicherheit und Orientierungssinn sind nötig.
Höhenunterschied: 400 m im An- und Abstieg.
Einkehr: Mehrere Gasthöfe in Raabs. Jst. Ruine Kollmitz (bei Schönwetter Mai–Okt. tägl. 10–17 Uhr, Sa., So., Fei. bis 18 Uhr geöffnet, Tel. +43 2846 7415, kollmitz.at).
Variante: Über Klinger-Mausoleum: Von der Wegteilung (3) hinauf nach Kollmitzdörfl und nach dem Ort auf Feldweg nach Süden zu dem am Abbruchrand zur Thaya stehenden Klinger-Mausoleum (4), 520 m. Blick in das Thayatal mit der Ruine Kollmitz. Der Weiterweg führt nach Süden abwärts zu einer Naturstraße und auf ihr links zur »Böhmischen Mauer«. Zus. Zeitaufwand 30 Min.

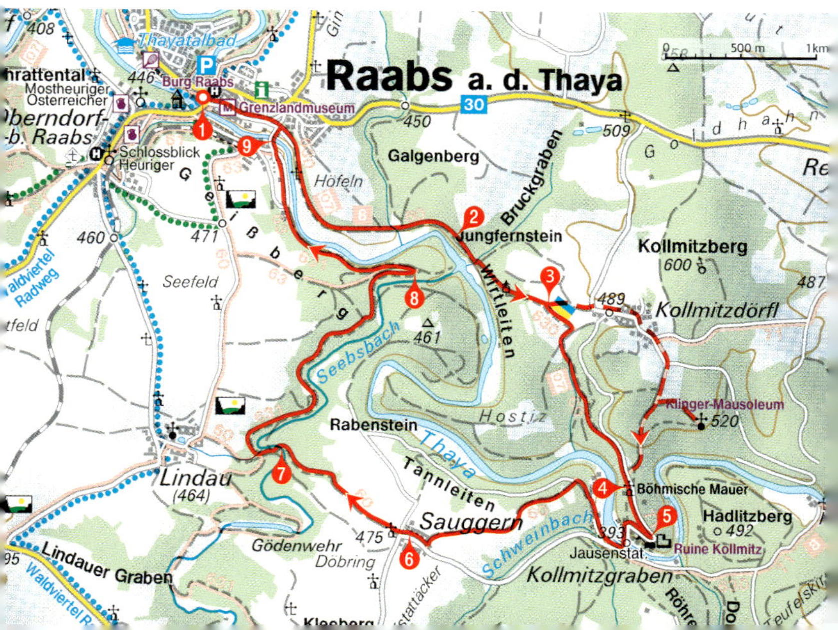

Vom Stadtplatz in **Raabs (1)** durch die Drosendorfer Straße nach Osten an das Ortsende, dann auf Weg Nr. 630 am Thayaufer zum **Jungfernstein (2)** bei einer Flussbiegung. Nach dem Bruckgraben nach Südosten empor zur Hochfläche und zur **Wegteilung (3)** bei einer alten Eiche (geradeaus weiter die Variante zum Klinger-Mausoleum). Rechts auf Weg Nr. 630 über Wiesen und durch Wald zu einer Naturstraße und diese in südlicher Richtung zum Verteidigungswall der **»Böhmischen Mauer« (4)** und weiter zur mächtigen **Ruine Kollmitz (5)**, 430 m. Auf Asphaltsträßchen hinab zu den Häusern von Kollmitzgraben, 393 m, und über die Thaya (Brücke) an deren Südufer. Dort rechts zu einem E-Werk und wiederum rechts durch ein Mühlengelände, dann auf unbez. Güterweg durch Wald nach Nordwesten aufwärts, später links haltend über freie Felder eben zum Weiler **Sauggern (6)**, 475 m. Durch den Ort nach Westen (Marterl) und auf rot bez. Feldweg nach Nordwesten abwärts in den Wald und entlang eines Grabens hinunter zum **Seebsbach**. Über eine **Fußgängerbrücke (7)** an das linke Ufer und einen Güterweg geradeaus weiter zu einer Abzweigung (Bank). Scharf rechts den rot bez. Weg Nr. 631 (Thaya-Kamp-Weg) steil hinab zu einem Bächlein. Über dieses, danach an der linken Seite des Seebsbachtales zu einem Karrenweg. Dort, wo dieser durch eine Furt an das rechte Ufer führt, links ab (rote Zeichen) und an der linken Talflanke entlang auf schmalem Pfad mehrmals auf und ab, zuletzt steil empor auf den nach Osten vorspringenden **Geißbergrücken (8)**. Scharf links (Westen) auf einen Karrenweg, später rechts ab und auf gut angelegtem rot bez. Steig hoch über den zur Thaya abfallenden Felswänden zu einigen Aussichtskanzeln (Bank). Dann sanft hinunter zu den Thayawiesen und über diese in Nordwestrichtung zum Ortsrand von Raabs. Dort auf **Fußgängersteg (9)** über die Thaya zur Drosendorfer Straße und über sie links haltend zurück ins Stadtzentrum von **Raabs (1)**.

Ruine Kollmitz über dem Ort Kollmitzgraben an der Thaya.

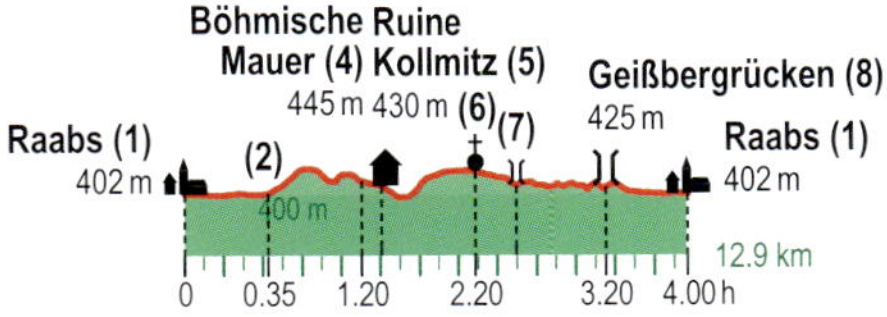

56 Von Drosendorf zur Gaberkirche

4.00 Std.

Flusswanderung für Verwöhnte

Drosendorf ist eine bezaubernde Kleinstadt im nordöstlichen Waldviertel. Sie war im Mittelalter Bestandteil des »Burgengürtels« an der Grenze zu Böhmen und Mähren. An drei Seiten von der Thaya umflossen, thront das Städtchen auf einem Bergrücken, der mit Felsen durchsetzt steil zum Fluss hin abfällt. Die Besichtigung der Gaberkirchen-Ruine (14. Jh.), der Weg durch den einsamen Gaberwald und der reizvolle Studentensteig entlang der Thaya sind Höhepunkte, die sich der Wanderer nicht entgehen lassen sollte.

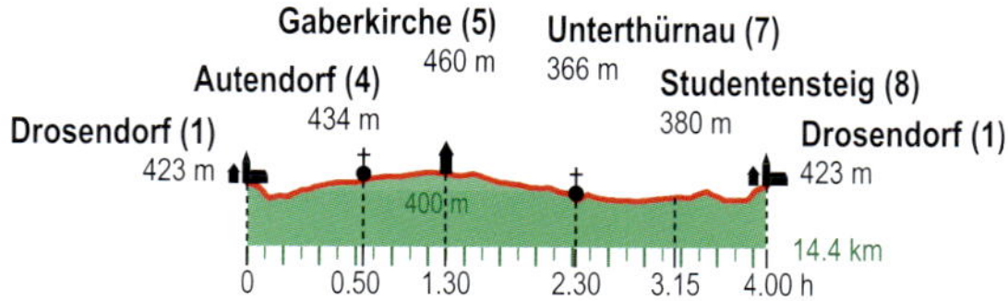

Ausgangspunkt: Drosendorf, 423 m (Bushalt, Parkplätze). Täglich mit Bus oder zwischen 1. Mai und 1. Nov. Sa., So. und Fei. ab Retz per Bahn erreichbar (reblaus-express.at).
Anforderungen: Leichte Wanderung auf teils asphaltierten Fahr- und Fußwegen. Am Studentensteig ist bei Nässe Trittsicherheit notwendig.
Höhenunterschied: 220 m im An- und Abstieg.
Einkehr: Nur Gasthöfe in Drosendorf.

Vom Stadtplatz von **Drosendorf (1)** durch das Horner Tor nach Süden zum Altstadtplatz außerhalb der Stadtmauer und dort rechts ab (Westen) zur Sommerpromenade. Von dieser nach wenigen Metern links haltend auf Fußweg in Kehren nach Westen hinunter zur Thaya und über die **Thayabrücke (2)** zu einer Verzweigung. Links ab (Pfeil) und auf Güterweg über Wiesen, an der Thaya entlang, nach Süden zur Mündung des **Robesgraben (3)**.

Barockes Haus am Stadtplatz von Drosendorf.

Dort rechts ab und auf gutem Fußweg einen Waldrücken nach Westen aufwärts, später über Felder in den Weiler **Autendorf (4)**, 434 m. Nach dem ersten Haus die Gasse nach rechts (Nordosten) zur Ortskapelle und weiter zur Hauptstraße. Auf ihr kurz nach links, dann rechts ab und auf Asphaltstraße nach Norden zum Waldrand und dort zu querender blau bez. Naturstraße. Nach links (Westen) hinab in ein Waldtal mit Wegteilung. Links haltend empor auf eine Hochfläche und dort am Waldrand nach Westen zu einer Linkskurve mit Wegabzweigung danach. Nun auf Güterweg nach rechts (Westen) zu den Ruinenresten der **Gaberkirche (5)**, 460 m.
Von der Kirchenruine den Karrenweg nach Norden hinab zum Gaberbach, der auf **Brücke (6)** überschritten wird. Jenseits rechts ab und auf Karrenweg entlang des Baches durch den Waldgraben, das Ufer (glitschige Trittsteine!) mehrmals wechselnd, nach Osten abwärts nach **Unterthürnau (7)**, 366 m, im Thayatal. Bei der Dorfkapelle nach rechts über den Gaberbach und jenseits sanft nach Südosten aufwärts zu einer Verzweigung. Links auf Karrenweg hinab zur Thaya und dort über Wiesen, die große Flussschleife gegenüber der Stadt Drosendorf ausgehend, westwärts zum Ende des Wiesengeländes.
Ein rechts am Waldrand entlangführender Weg leitet in Westrichtung weiter zum felsigen Prallhang des gewundenen Flusses. Dort auf dem schmalen **Studentensteig (8)** an den steilen felsdurchsetzten Waldhängen (urwaldähnliche Vegetation beachten!) entlang weiter zu den Uferwiesen und über diese zur **Thayabrücke (2)**. Auf bekanntem Weg wieder zurück nach **Drosendorf (1)**.

57 Burg Bítov (Burg Vöttau, 420 m)

2.30 Std.

Burgenjuwel am Zusammenfluss von Zeletavka und Thaya

Die gotische Burg Bítov 25 Kilometer nordwestlich von Znaim gehört zu den mächtigsten und ältesten Festen Mährens. Am Zusammenfluss von Thaya und Zeletavka (Schelletauer Bach) gelegen, wird sie erstmals 1061 als landesfürstlicher Besitz erwähnt und war eine der Wachburgen an der Südgrenze Böhmens nach Österreich. Wir besuchen die Anlage bei einer kurzen Runde vom neuen Ort Bítov aus, Ersatz für den im Thayatal gelegenen, 1930 durch den Bau des Frainer Stausees in den Fluten versunkenen ursprünglichen Ort.

Ausgangspunkt: Bítov, 435 m, Hauptplatz (Busanreise ab Znaim LInie 817 bis Vranov, dann Linie 830 bis Bitov, nur Mo. bis Fr., Parkplätze).
Anforderungen: Unschwierige Wanderung auf meist bez. Fahr- und Fußwegen.
Höhenunterschied: 200 m im An- und Abstieg.
Einkehr: In Bítov mehrere Gastbetriebe. Restaurant im Hof der Burg Bítov. Mehrere Einkehrmöglichkeiten im Freizeitzentrum Horka (1. Mai–30. Sept. tagsüber geöffnet).
Hinweise: Besichtigung (Führungen, vyletnicile.cz/de/burgen) der Burg Bítov im April und Okt. Sa., So. und an Feiertagen 9–16 Uhr, sonst täglich außer Mo. 9–17 Uhr, im Juli und August bis 18 Uhr. Im Freizeitzentrum Horka besteht Bademöglichkeit (auch Bootsvermietung). Vom Sattel (Autostraße) am Umlaufberg Hradiste lohnende Besichtigung der Ruine Cornštejn (Zornstein).

Vöttau, eine der mächtigsten und ältesten Burgen Mährens.

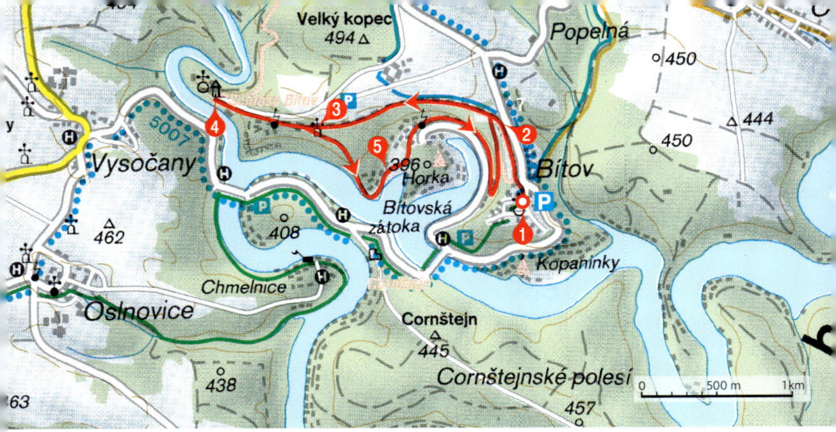

Vom Hauptplatz in **Bítov (1)** auf blau und grün bez. Straße durch den Ort nach Norden aufwärts zur Verzweigung vor dem **Hotel Bítov (2)**. Auf Straße kurz nach links hinab in den Wald und dort zu querendem Fahrweg. Auf ihm (blau und grün bez.) nach rechts (Westen) aufwärts zu einem Querweg und diesen links haltend, am Waldrand entlang, zur Verzweigung (»Vranec«) vor dem Restaurant Rumburak (30 m hoher Aussichtsturm).

Den Fahrweg geradeaus weiter zu einem Aussichtspunkt mit Blick zur Ruine Cornštejn (Zornstein) und auf das Erholungsgebiet Horka, auf einer eingestürzten Schleife (»Umlauf«) der Thaya gelegen. Den Fahrweg an der Abbruchkante gegen das Thayatal am Waldrand westwärts eben fort zur Lichtung **U Kaplicky (3)**, Marienkapelle, mit Verzweigung. Geradeaus vorerst noch über Wiesen, dann im Wald zu einer Gabelung und links haltend zur Schulter »Rotunde« (mächtige Bäume, herrlicher Burgblick!). Kurz weiter zu querender Asphaltstraße und diese hinab zum Eingang in die **Burg Bítov (4)**, 420 m.

Zurück zur Verzweigung bei der Lichtung **U Kaplicky (3)**. Rechts auf rot-weiß bez. Fußweg in Richtung Bitovska Zatoka durch Wald sanft nach Osten abwärts, später in Windungen steiler hinunter zur aufgestauten Thaya mit dem **Freizeitzentrum Horka (5)**, 350 m, und dort zu einer Asphaltstraße. Auf ihr links haltend, am Buffet Chata Lucka vorbei, eine Badebucht ausgehend, danach im trocken gefallenen Flussbett der Thaya um den ehem. Umlaufberg im Rechtsbogen herum, wieder zum Thayaufer und dort nach Süden zur Verzweigung. Scharf links ab und auf rot-weiß bez. Fahrweg an den Waldhängen nach Norden hoch zu einer Teilung. Nach rechts empor zum **Hotel Bítov (2)** und die Straße rechts haltend zurück nach **Bítov (1)**.

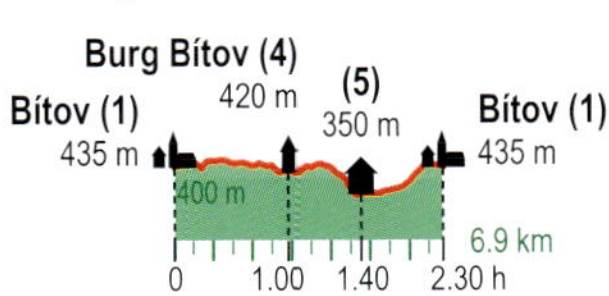

TOP **58**

Rings um Hardegg

4.15 Std.

Auf dem Thayatalweg durch den Nationalpark

Die lange Zeit unpassierbare Grenze zwischen Österreich und Tschechien hat das Tal der Thaya zu einem Paradies für Pflanzen und Tiere werden lassen. Die Schaffung eines grenzüberschreitenden Nationalparks hat dazu beigetragen, die Unversehrtheit und Einmaligkeit der Thayatal-Region zu erhalten. Auf dem beschriebenen Rundweg kann das romantische Tal mit seinen Burgen und Ruinen höchst abwechslungsreich durchwandert werden.

Ausgangspunkt: Nationalparkhaus Thayatal-Podyji, 419 m (Bushalt, Parkplatz). Ende März bis 2. Nov. täglich 9–18 Uhr, im Okt. täglich 10–17 Uhr geöffnet (Tel. +43 2949 7005, np-thayatal.at).
Anforderungen: Bequeme Wanderung auf gut bez. Fahr- und Fußwegen.
Höhenunterschied: 350 m.
Einkehr: Ghf. Hammerschmiede (März bis Mitte Jan. geöffnet, Mo./Di. Ruhetag, Tel. +43 2949 8263, gasthof-hammerschmiede.com), Ghf. Thayabrücke (1. April bis Ende Okt. geöffnet, Tel. +43 664 9197765, thaya-bruecke.at), beide in Hardegg. Café-Restaurant im Nationalparkhaus (Mo. Ruhetag).
Varianten: Zum Einsiedlerfelsen oder Umrundung des Umlaufberges, je 45 Min. Runde über die Brücke am Einsiedler mit Hin-/Rückweg am linken Flußufer zur Brücke in Hardegg (Dauer 2 Std.).

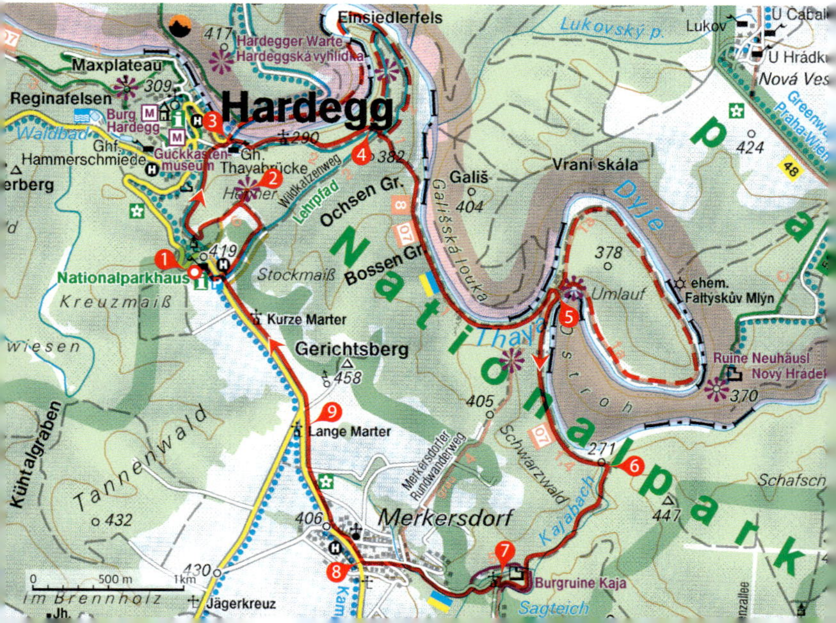

Vom **Nationalparkhaus (1)** zur Landstraße und dort nach rechts (Südosten) zu einem links abzweigenden Güterweg (Weg Nr. 2 u. Nr. 6). Über Wiesen nordostwärts hinab in den Wald und bei Wegteilung links auf Fußweg hinauf zu Teilung und rechts zum Aussichtspunkt am **Henner (2)**, 426 m. Zurück zur Wegteilung und gerade weiter auf Fußweg zur Einmündung von Weg Nr. 2, kurz vor der Landstraße.

Burg Hardegg, Grenzfeste an der Thaya.

Nun scharf rechts auf dem »Kirchensteig« (Weg Nr. 2) durch Laubwald in Nordrichtung abwärts zum Sattel beim Uhrturm von Hardegg und auf Fahrweg zwischen Wald und Häusern nach rechts (Osten) abwärts zur **Thayabrücke (3)**, 290 m. Dort den rot. bez. Steig (Thayatalweg Nr. 1) rechtsufrig flussabwärts, später den Gabrielensteig hinauf auf einen Waldrücken und weiter zu einer **Verzweigung (4)** – Linksabzweigung zum **Einsiedlerfels** und zur Thayabrücke (Variante). Geradeaus über eine Waldflanke hinab zur Thaya. Dort auf bez. Steig rechts haltend über Wiesen, dann am steil abfallenden Ufer über Wurzeln und Felsen mühsam flussabwärts zur Verzweigung bei Fischerhütten (gerade weiter zum Umlaufberg, Variante). Steil nach rechts empor zum **»Überstieg« (5)**, 305 m, einem schmalen Felssattel, der den Umlaufberg vom übrigen Gelände trennt. Blick über die Mäander der Thaya zum Ostroh/Stallfirst und zur Ruine Novy Hrádek/Neuhäusl. Jenseits eine Felsrinne nach Süden hinunter zu einem Karrenweg und diesen an der Thaya entlang zur Einmündung des **Kajabachgrabens (6)**. Durch ihn nach Süden aufwärts, dann in großer Kehre zur **Ruine Kaja (7)**, 365 m (1. Mai–31. Okt. Sa., So., Fei. 10–17 Uhr geöffnet). Auf Fahrweg nach Westen hinab zu einem Parkplatz, dann entlang der Burgzufahrt im Graben aufwärts nach **Merkersdorf (8)**, 406 m, und dort zur Straße Retz–Hardegg. Auf ihr rechts haltend über eine Hochfläche, an den Bildstöcken der **»Langen Marter« (9)** und der »Kurzen Marter« vorbei, zurück zum **Nationalparkhaus (1)**.

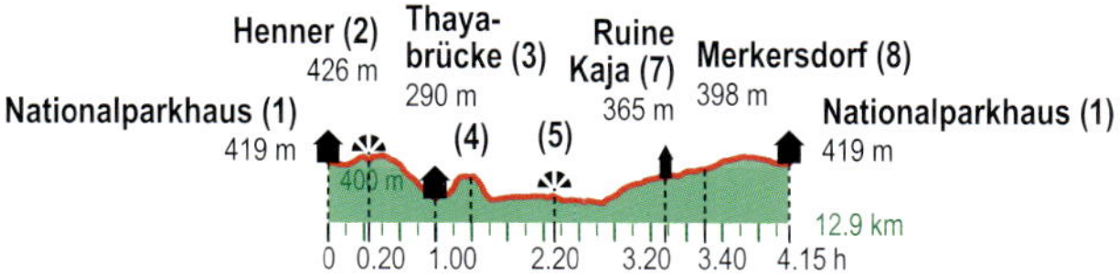

59 Von Hardegg nach Vranov (Frain)

7.15 Std.

Grenzüberschreitender Rundweg durch den Nationalpark Thayatal

Die besonderen Schönheiten der Thayatal-Region waren für die Schaffung des grenzüberschreitenden Nationalparks Thayatal (Národní park Podyjí) ausschlaggebend. Unseren langen Rundweg von Hardegg nach Vranov (Frain) säumen zahlreiche Burgen und Festungen und man durchwandert die einsame Thayaschlucht im Bereich der Eisleiten.

Ausgangspunkt: Hardegg, 309 m, Straßenkehre beim Stadtturm, 315 m (Bushalt, beschränkte Parkmöglichkeit).
Anforderungen: Lange, aber einfache Wanderung auf gut bez. Wegen. Im Bereich der Ledové sluje (Eisleiten) ist Trittsicherheit nötig.
Höhenunterschied: 670 m im An- und Abstieg.
Einkehr: Ghf. Hammerschmiede (März bis Mitte Jan. geöffnet, Mo./Di. Ruhetag, Tel. +43 2949 8263, gasthof-hammerschmiede.com), Ghf. Thayabrücke (1. April bis Ende Okt. geöffnet, Tel. +43 664 9197765, thaya-bruecke.at), beide in Hardegg. »Treffpunkt Felling« (um die Mittagszeit Getränkeausschank) beim Kriegerdenkmal in Felling. Weitere Gasthöfe und Hotels in Vranov.
Variante: Statt am südlichen Thayaufer stromabwärts von Vranov zu gehen, kann man auch über die Thayabrücke nach Hamry (Hammer) wandern und gelangt dort rechts, entlang der rot bez. Straße durch den Ort bis zur Fußgängerbrücke.
Wichtiger Hinweis: Die am Weg liegenden Grenzübergänge (Personaldokument ist mitzuführen!) sind für Fußgänger und Radfahrer geöffnet.

Vom Stadtturm in **Hardegg (1)** auf Weg Nr. 3 westwärts über Stiegen hinab in den tiefer liegenden Ortsteil und nach Überquerung der Fugnitz, rechts zwischen Häusern hindurch, danach eine Holzstiege empor auf einen Felsriegel. Dort auf Fußweg nach Westen und nach einer Wegkehre zur Rechtsabzweigung zum **Reginafelsen (2)**, 332 m, den man auf gut abgesichertem Steig (Geländer) erreicht (Naturdenkmal, Tiefblick auf Hardegg).
Zurück zur Abzweigung und entlang der felsigen Ostabstürze des **Maxplateaus (3)** nach Norden steil hinauf zum Gipfel des Plateaus und dort zur Sackl-Hütte (420 m, Notunterstand). Eindrucksvoller Tiefblick auf Hardegg! Auf dem grün bez. Hardegger Rundwanderweg Nr. 3 westwärts hinab in einen Sattel und jenseits den bewaldeten Bergrücken nach Nordwesten aufwärts zur Rechtseinmündung eines Karrenwegs. Geradeaus auf rot bez. Weg, an der Rechtsabzweigung zum Schwalbenfelsen vorbei, zum **Hammerschmied-Kreuz (4)** und weiter zur Landesstraße. Auf ihr geradeaus weiter, am Forsthaus Felling vorbei, danach über Felder hinab nach **Felling (5)**, 439 m (Bushalt, Perlmuttdrechslerei).
Vom Kriegerdenkmal (gegenüber der »Treffpunkt Felling«) auf rot bez. Güterweg nordwärts zum Friedhof, danach auf Fahrweg über das Langenwiesen-

Schloss Vranov thront auf steilem Fels hoch über der Thaya.

feld zu einer Weggabelung (Vertriebenendenkmal). Rechts haltend in eine Ackermulde – **Grenze (6)** –, auf blau bez. Feldweg über eine Kuppe zu querender Asphaltstraße und jenseits in den Ort **Podmyče/Pomitsch (7)**, 443 m. Durch den Ort hinab zu einer Linkskurve, dort rechts ab und auf blau bez. Fahrweg nach links in den Wald und dort an der rechten Seite eines Grabens nahezu eben nach Nordosten zu querendem blau und gelb bez. Güterweg – Tafel **»Nad Kamenným mostem« (8)**. Auf ihm sanft nach rechts (Osten) aufwärts zur Autostraße und diese durch Wald geradeaus (bei Bushalt bzw. V'Run Off' Park links das Brünnlein der Gräfin Helena, 1876) hinab zur Kehre am Eingang in das **Schloss Vranov (9)**, 390 m (im April und Okt. an Wochenenden, Mai bis Sept. tägl. außer Mo. geöffnet, Imbissstube am Eingang, zamek-vranov.cz). Vom Schlosseingang auf rot bez. Fahrweg 20 m rechts (Südwesten) abwärts, dann scharf links und auf gelb bez. Steig unterhalb der südlichen Schlossmauer nach Osten hinab zu einem Sträßchen und auf ihm zur **Thayabrücke (10)**. Jenseits der Brücke gelangt man links haltend ins Zentrum von Vranov (Frain, 330 m, Gasthöfe, Hotels).
Noch vor der Thayabrücke (siehe Variante!) rechts auf grün bez. Weg, vorbei an Siedlungshäusern zum Beginn des Nationalparks. Weiter auf Karrenweg entlang der Thaya flussabwärts durch Wald bis zur **Fußgänger-Hängebrücke (11)** und über sie zum linken Ufer bei Zadni Hamry, 312 m.

Durch Auwald am linken Ufer weiter zu einer Wiesenfläche mit Verzweigung. Links auf rot bez. Fußweg durch Wald an der Flanke eines Seitengrabens nach Norden aufwärts, dann nach rechts über den Bach (Holzbrücke) und am jenseitigen Hang auf rot bez. Steig, einen Radweg kreuzend, südwärts durch Wald zu einer Quelle. Nun auf Karrenweg durch lichten Eichenwald in längerer Hangquerung um einen Höhenrücken nach links herum zum ehem. Grenzkontrollweg und auf diesem nach Osten empor zum Verzweigungspunkt **Vranovské brány (12)**, 445 m. Den rot und gelb bez. Weg nach rechts (Südwesten) sanft abwärts, dann hinauf in den Sattel Ledové sluje (Eisleiten, 430 m; zahlreiche, oft bis in den Sommer hinein mit Eis gefüllte Klufthöhlen.

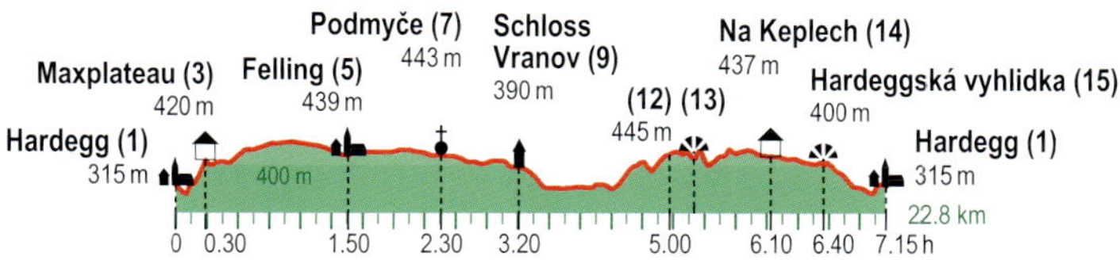

Vorsicht, Absturzgefahr!). Auf rechts abzweigendem Fußweg einen Waldrücken mit Granitblöcken eben nach Westen hinaus zu Felsvorsprung über der Thaya mit großem **Obelisken (13)**, 430 m, Bank.

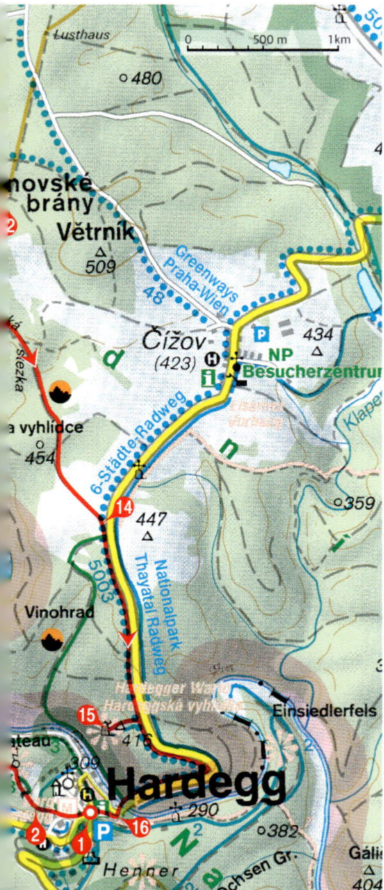

Zurück zum Verzweigungspunkt Ledové sluje. Rechts entlang der steilen Thayatal-Flanke südostwärts durch urwaldartiges Gelände zu einem Felsabbruch. Er wird auf einem schmalem, leicht ansteigenden Felsband überwunden, danach wird ein Karrenweg erreicht. Auf diesem in Südostrichtung aufwärts zu einer Waldlichtung, danach auf dem mit Betonplatten belegten Weg über Felder zur Straße bei **Na Keplech (14)**, 437 m, Unterstandshütte. Auf der für den öffentlichen Verkehr gesperrten blau bez. Straße rechts haltend über Felder und durch Wald in Südrichtung sanft abwärts zur Abzweigung zur Hardegger Warte (Pfeil). Rechts ab und auf Fußweg über einen Bergrücken nach Westen zur Aussichtskanzel **Hardeggská vyhlidka (15),** 400 m (Hardegger Warte, Tiefblick auf Thaya und Hardegg).

Zurück zur Asphaltstraße und diese rechts haltend durch Wald in einer Kehre nach Südwesten hinab zum ehem. Grenzhaus, danach über die **Thayabrücke (16)** zum gleichnamigen Gasthaus. Links hinter diesem auf gutem Fußweg nach Westen hinauf zurück zum Stadtturm von **Hardegg (1)**.

60 *Rund um Vranov (Frain)*

3.30 Std.

Eine Kennenlernrunde für Neulinge

Dieser aussichtsreiche Rundweg ist bestens dazu geeignet, sich von der Thayatal-Metropole Vranov (Frain) mit seinem großartigen Schloss einen ersten Überblick zu verschaffen. Er ist abwechslungsreich und so gespickt mit landschaftlichen und kulturellen Attraktionen, dass man sich einen ganzen Tag dafür reservieren sollte.

Ausgangspunkt: Vranov/Frain, 330 m, Stadtplatz, 325 m (Bushalt, Parkmöglichkleit). Zufahrt mit Pkw oder Bahn/Autobus über Znojmo (reblaus-express.at).
Anforderungen: Leichte Wanderung auf gut bez. Wegen.
Höhenunterschied: 280 m im An- und Abstieg.
Einkehr: Mehrere Gasthofe im Stadtgebiet von Vranov und am Stausee. Imbissstube in Onšov und am Eingang in das Schloss Vranov.
Variante: Vom V'Run Off' Park bei der Bushaltestelle (8) auf bez. Weg nach Norden zum Brünnlein der Gräfin Helena und zu einer Bunkeranlage aus 1935 bzw. südwärts auf grün und weiß bez. Weg hinab zum Felicitas-Brünnlein. Von diesem auf Güterweg in Nordostrichtung zum Schloss empor. Zusätzlicher Zeitaufwand: 30 Min.

Vom Stadtplatz von **Vranov (1)** entlang der blau/weißen Markierung nordostwärts zur Pfarrkirche, danach, am St. Andreas-Karner und dem alten Friedhof vorbei, ostwärts den Karl-Clary-Weg hinauf zur Felsenkluft des Schwedischen Grabens. Rechts haltend den Bergrücken in Nordostrichtung aufwärts zum **Mniszek-Kreuz (2)**, 370 m, dann hinab zur Kapelle des Steuereinnehmers bei einer Straßenkehre. Über den Rücken aufwärts, spä-

ter am Rand einer Hochfläche zum Kumpa-Bildstock und über einen Güterweg links haltend in die Ortschaft **Onšov/Wonschau (3)**, 435 m.

Das Felicitas-Brünnlein im Park von Schloss Vranov.

Von der Dorfkapelle auf Güterweg an den gegen Süden gerichteten Waldhängen nach Westen abwärts, später in Kehren nach rechts (Norden) über einen Waldrücken und jenseits hinunter zu einer Verzweigung. Gerade fort zum nahen **Clary-Kreuz (4)**, 410 m, auf Felsen hoch über dem Thayatal.
Zurück zur erwähnten Verzweigung und auf blau und weiß bez. Fußweg nach links (Norden) steil hinab in die Granat-Bucht am Frainer Stausee. Entlang der Uferstraße links haltend (Bootsanlegestelle) über die **Staumauer (5)** an das westliche Thayaufer. An einem Parkplatz vorbei, zu einer Autostraße und auf ihr gerade fort zu einer Linkskehre. Dort scharf rechts ab und auf gelb bez. Fahrweg das **Junácké údoli/Katzental (6)** in Westrichtung einwärts und nach den letzten Häusern in den Wald. Auf Naturstraße über einen Bach und weiter zur alten Steinbrücke **Kamenný most (7)**, 375 m.
Auf Güterweg nach links (Südosten) aufwärts zur Einmündung des Weges von Podmyče und auf blau und gelb bez. Weg zur Landstraße. Auf dieser in Ostrichtung, am V'Run Off' Park und an einer **Bushaltestelle (8)** – siehe Variante – vorbei, abwärts zum **Schloss Vranov (9)**, 390 m (im April und Okt. an Wochenenden, Mai bis Sept. tägl. außer Mo. geöffnet, Imbissstube am Eingang, zamek-vranov.cz).
Vom Schlosseingang auf rot bez. Weg 20 m rechts (Südwesten) abwärts, dann scharf links ab und auf gelb bez. Steig unterhalb der südlichen Schlossmauer nach Osten hinab zu einem Sträßchen. Auf ihm über die Thayabrücke in den Ortsteil Hamry (Hammer) und dort nach links (Nordwesten) hinauf zum Stadtplatz von **Vranov (1)**.

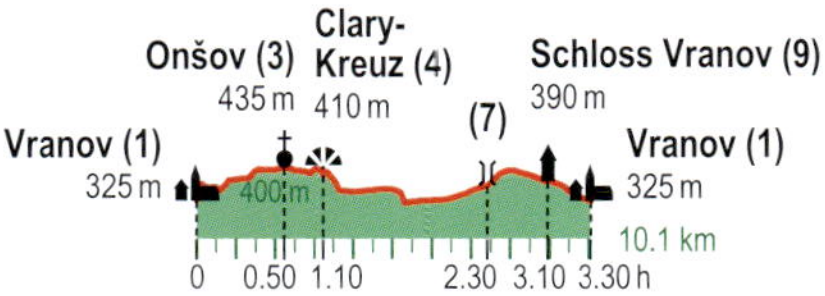

61 *Sealsfieldův kámen (Sealsfield-Stein), 373 m*

3.00 Std.

Weinberge und Felsenriffe an der Thaya

Die Wanderung vom Weinort Havraníky (Kaidling) durch die Thayaschlucht zum Sealsfieldův kámen (Sealsfield-Stein) zählt zu den beliebtesten Unternehmungen im Umkreis von Retz und Znojmo (Znaim). Nach dem Schriftsteller Karl Anton Postl, alias Charles Sealsfield, benannt, wartet der Sealsfield-Stein mit einem spektakulären Tiefblick in das Tal der Thaya auf. Der Rückweg über Popice nach Havraníky steht ganz im Banne des südmährischen Weingebiets, wobei der Besuch einer der Weinschänken zur Pflicht gehört.

Ausgangspunkt: Havraníky, 295 m (Bushalt), Parkmöglichkeit, 312 m, beim Weiher am nordwestlichen Ortsende.
Anforderungen: Einfache Wanderung auf gut bez. Wegen.
Höhenunterschied: 270 m im An- und Abstieg.
Einkehr: Mehrere Gasthäuser in Havraníky. Unterwegs keine Einkehr!
Variante: Lohnender Besuch der von der Thaya umflossenen Halbinsel Sobes, eine der zehn besten Weinlagen Europas: Vom E-Werk Judexův mlýn auf rot und gelb bez. Fußweg der Thaya entlang aufwärts zum Rastplatz bei der Info-Stelle Pod Šobesem. Über eine Hängebrücke auf die Halbinsel Šobes und hinauf zu den Weinterrassen (Ausschank im Mai und Sept. an Wochenenden, Juni, Juli, August täglich). Zeitaufwand 1 Std.

Vom Weiher am nordwestlichen Ortsrand von **Havraníky (1)** auf rot bez. Fußweg (Pfeil) über die zum **Nationalpark Podyji** gehörende Heide sanft nach Westen aufwärts zu einer **Verzweigung (2)**. Rechts (rot bez.) im Wald eben weiter zu einer Quelle, danach abwärts zu querendem staubfreiem Fußweg und auf ihm nach rechts zum E-Werk **Judexův mlýn (3)**, 235 m, an der Thaya (Linksabzweig der Variante zum Šobes). Vom E-Werk auf gelb bez. Karrenweg durch Auwald am rechten Thayaufer in Nordrichtung flussabwärts zum verfallenen Gebäude der Mlýn Papirna bei einem Wehr. Auf dem Auweg das gewundene, unbewohnte Tal durch Busch-

Der Weinhauerort Popice.

werk und Wald in Nordrichtung weiter zur Verzweigung **Pod Novou Cestou (4)**, 240 m, wo die Thaya nach rechts verlassen wird. Auf steinigem, aber gut gangbarem Weg durch eine felsdurchsetzte Waldflanke erst in Nordost-, später in Südostrichtung mäßig steil aufwärts zum oberen Ende eines **Grabens (5)**, wo sich der Weg verflacht. Dort scharf links ab (Pfeil) und über einen Waldrücken hinweg in eine Senke, zuletzt steil nach Nordosten empor auf das Felsenriff des **Sealsfieldův kámen (6)**, 373 m. Tiefblick in das Tal der aufgestauten Thaya, darüber im Norden der Aussichtspunkt Králův stolec (Königsstuhl).

Auf grün bez. Wanderweg über einen Waldrücken in Südostrichtung abwärts, später auf Forststraße in den Ort **Popice (7)**, 280 m. Nach rechts (Süden) hinab zur Kirche, danach erst rechts, dann links durch den Ort und aufwärts zur **Wallfahrtskapelle (8)** auf der **Keidlinger Heide**. Über Heideböden in Südwestrichtung weiter auf eine Bergkuppe (Rundblick!) und jenseits entlang von Weingärten (Weinverkostung möglich!) zurück zum Ausgangspunkt im Ort **Havraníky (1)**.

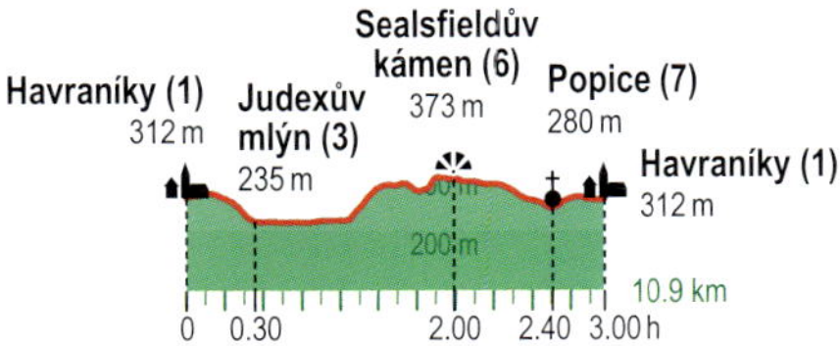

Stichwortverzeichnis